페미사냥

이민주

재현 젠더 정치 탐구

문음사

페미사냥

■ 처음 읽었을 때는 짜릿했다. 온라인에서 걸핏하면
페미 운운하며 여성들을 단죄해 온 이들의 정체를 이토록
촘촘한 논리와 증거로 파헤쳐 보여 주는 글이 있었나?
두 번째 읽었을 때는 벅찼다. 이 책의 독자는 서브컬처에
친숙하다면 자신의 경험을 설명할 강력한 언어를 갖게
될 것이고, 그렇지 않다면 21세기 한국의 마녀사냥인
'페미사냥'의 실체에 눈뜨게 되리라. 세 번째 읽으면서는
결국 저자가 '사이보그' 같다는 생각을 하고야 말았다.
서브컬처에 깊이 연루된 메갈 세대의 이 자기민족지는
페미니스트이자 '빨은' 문화의 향유자인 이민주만이
쓸 수 있는 이야기이기에 빛난다.
— 임소연(『신비롭지 않은 여자들』 저자)

■ 소비자 권리라는 이름으로 자행되는 여성혐오를
낱낱이 분석하는 책. 9년에 걸친 개별 사건의 나무들이 모여
반페미니즘이라는 숲을 무성하게 하는 과정이 드러난다.
페미사냥에 대응하는 정치는 누구와 함께 어떤 내용을
만들어 나가야 할까? 논의의 장을 열어젖히는 이 책이
이민주가 힘주어 말하듯 페미니즘 운동을 위한 쓸모 있는
지식으로 활용되기를 기대한다.
— 김수아(『안전하게 로그아웃』 저자)

들어가며 　　　**페미사냥을**
　　　　　　　　　　고발한다

——7월 21일(목) 업데이트 예정인 신규캐릭터 '티
　나'의 성우가 오늘(7/19)부로 교체됩니다. 현재
　논란이 되고 있는 사안에 대해, 클로저 여러분
　의 우려 섞인 의견들을 확인하였고 업데이트를
　며칠 앞둔 상황에서, 급히 성우 교체라는 결정
　을 내리게 되었습니다.[1]

——회사 측에서 모든 직원분에게 누누이 부탁을
　드렸던 단 한 가지 당부사항이 있었습니다. 개
　인이 SNS로 어떠한 의견 표출이나 활동을 하

1　클로저스 웹사이트, 「신규 캐릭터 "티나" 성우 교체 안내」,
　　2016년 7월 19일.

더라도 상관은 없으나, 사회적 논란이 생길 여지가 있는 개인 SNS 계정이 회사와 연관될 가능성만큼은 없애 달라는 것이었습니다. (……) 재차 주의를 드렸던 사내 규칙에 대해 위반이 발생한 건이기에, 논란이 된 직원분과 계약은 종료될 예정입니다.[2]

이 똑 닮은 공지 사이에는 7년의 세월이 있다. 하나는 2016년, 다른 하나는 2023년 7월에 게시된 공지는 둘 다 게임사가 남성 이용자의 요구에 따라 여성 노동자를 해고하겠다는 결정을 전한다. 페미니즘이라는 논란의 주제를 명시하기조차 두려워하는 공지와 함께 무고한 여성이 일자리를 잃는 일은 그사이에도, 이후로도 끊임없이 일어났다.

2024년 한국 사회에서 페미니즘은 어떤 여성이든 옭아매 처벌할 수 있는 마녀사냥의 죄목이다. 페미니스트인지가 논란거리가 되고, '페미' 딱지가 붙은 여성이 조리돌림당하고 공격받으며 사회경제적 자원을 빼앗기는 일이 자연스러워졌다.

---

2   림버스컴퍼니 트위터, 「현재까지 파악된 게임 내 이슈에 대하여 저희의 공식 의견을 말씀드리고자 합니다」, 2023년 7월 26일.

나는 이런 일들에 매번 새삼스럽게 충격받고 화가 나며 무엇보다 비통하다. 그래서 이를 문제 삼아 해석하고 저항할 언어를 만들고자 최근 몇 년에 걸친 페미니스트 낙인화의 역사성을 연구했고, 이 책을 쓴다. 언제나 있었던, 어쩔 수 없는 일이라고 체념하고 싶지 않아서.

나와 같은 상실을 경험한 여성들에게

겪은 이들을 결코 이전 상태로 되돌아갈 수 없게 하는 사건이 있다. 2016년 게임 「클로저스」의 배급사 넥슨이 '메갈'을 자르라는 남성 소비자의 요구에 따라 여성 성우를 해고한 일이 내게는 그랬다.

사건이 일어난 때도 그리고 지금도 여전히 나는 만화와 애니메이션, 이를 둘러싼 문화에 흠뻑 빠진 '서브컬처 오타쿠'다. 동시에 소셜미디어 트위터(현재 X)에 거주하는 페미니스트이기도 하다. 나는 자주 농담조로 "나를 사회화시킨 건 팔 할이 남성향 미소녀이니 늘 머리에 힘을 주고 살아야 해."라고 되뇐다. 어려서부터 서브컬처 오타쿠로서 나는 오타쿠 남성의 심리적·성적 만족을 염두에 두고 만들어진 가상 세계의 여성에 심취해 살아왔다. 그러면서도 페미니스트로서 그 세계와 현실 사이의 괴리를 늘 의식하며 지냈다.

세계를 구하는 미소녀를 반평생 사랑하며 살아온 내가 게임 「클로저스」를 시작한 건 자연스러운 일이었다. 「클로저스」는 캐릭터와 배경을 실사 같은 형태가 아닌 투디 만화 캐릭터처럼 구현한 카툰 렌더링 효과, 일본 라이트노벨과 소년만화 풍의 서사·캐릭터가 특징이다. 좋은 의미로든 나쁜 의미로든 서브컬처 장르의 전형이었다. 나는 내게 익숙한 문화를 근미래 서울을 배경으로 한국화한 이 게임이 좋았다. 그러나 이러한 한국화에 어린 여성의 성적 노출과 포르노적 연출, 남성이 여성을 성희롱하는 장면 등 장르 특유의 끔찍한 여성혐오가 그대로 구현된 점과 수시로 부대꼈다.

당시 트위터에서는 소위 '빨은' 것을 소비하여 존속시켜서는 안 된다는 주장이 널리 공감을 샀다. 동시대 많은 페미니스트가 소비에 있어 욕망과 신념을 조율하고자 안간힘을 썼다. 이들이 자신이 오랫동안 즐겨 온 '암청색 알탕 영화'[3]나 남돌(남자 아이돌), BL(Boy's Love의 약칭, 남성 간 동성애를 다루는 서브컬처 장르)을 불매함으로써 남성 일색의 문화 시장을 바꾸겠다고 선언할 때 내 마음은 복잡했다. 사실 「클로저스」 팬덤은 페미니스트 여성 사이에선 거의 언급조차 되지 않았는데, 아는 사람들에겐 개선할 가치도 없이 빻아서였고 대부분은 존재조차 몰라서였다. 과연 그렇게 어디 내놓기 부끄러운 「클로저스」를 하면서 페미니스트로서 개입과 자정이 가능할까?

　그러나 서브컬처 문화 안에도 여성 창작자와 여성 소비자는 어김없이 있다. 나는 그들의 가능성을 믿고 사랑했다. 의구심 속에서도 내가 할 수 있는 일은 불매와 구매, 소비자 건의를 통해 기업에 의사를 표현하는 것이었다. 시장에서의 역량이 우리의 뒷배고 힘이리라 믿었다. 이 문화를 소비하는 우리가 조금씩 변화를 만들 수 있다고 말이다. 그런 낙관은 성우 교체를 알리는 게임사의 공지를 읽었을 때 사라졌다. 이후로 나는 이 상실을 오래 생각할 수밖에 없었다.

3　2010년대 유행한 남성 중심의 범죄 느와르, 스릴러, 액션 영화 내 여성혐오를 비판하기 위해 만들어진 말.

시장의 마녀사냥이 시작되다

2016년 7월 19일. 그날 나는 밤을 꼬박 새운 채 트위터 타임라인을 새로고침하고 있었다. 과연 넥슨이 어떤 대응을 할까? 합리적인 낙관과 직감에 따른 비관이 머릿속에서 엎치락뒤치락했다.

내가 이날 상황을 처음 인지한 것은 「클로저스」 홈페이지의 건의 게시판에서 '티나'를 불매하겠다는 항의 게시글들이 트위터로 전해졌을 때였다. 그때 든 첫 감상은 가소로움이었다. 그들이 돈 주는 사람 말을 들으라며 내세우는 액수는 내 주변 여성 오타쿠의 평소 소비액과 비교하면 대수롭지 않았다. 그마저도 대개 위협일 뿐 실제로 게임을 탈퇴하거나 환불에 나서는 이는 별로 없었다. 여러 소비자 운동 경험에 미루어 볼 때, 기업이 군이 그 정도 소동에 비용을 써 가며 대응하진 않을 것이었다.

그런데 넥슨은 그렇게 했다. 고작 반나절 만에. 넥슨은 자사가 배급하는 모든 게임에서 A 성우가 맡은 배역의 성우를 교체했다. 영향력 있는 대기업이 '메갈'을 퇴출하라는 소비자 요구에 부응한 기념비적 첫 사례였다. 넥슨의 이 결정은 분명한 메시지를 던졌다. 불안정한 고용 지위의 여성 노동자가 자기 의견을 표현하면 언제든 교체될 수 있다는 메시지. 그리고 누가 실제 얼마의 돈을 쓰든, 시장에서 들어줄 만한 소비자의 목소리는 따로 있다는 메시지.

반페미니즘적·반여성적 남성들은 스스로 가치 있는 소비자 지위를 인정받고 요구를 관철할 수 있음을 확인하면서 이러한 정체성을 만들고 결집하기 시작했다. 메갈이라는 명목으로 일자리를 잃는다는 것을 알게 된 디지털 창작 노동자들은 자신을 보호하고 대항할 여러 방법을 강구했다. 그 가운데는 공개된 공간에서 페미니스트임을 숨기거나 아예 한국 업계를 떠나는 방식도 있었다.

대중화된 페미니스트 주체들은 반페미니즘 세력보다 더 크고 강한 세력을 모아 맞대응하려 애쓸 수밖에 없었다. 그 가시화 과정에서 규모와 경제력을 키우기 위해 포기하는 것들이 늘어났다. 한국 사회는 페미니스트가 사회적으로 축출될 수 있으며 그래야 할 존재임을 인지하고 학습했다. 그렇게 페미사냥이 시작되었다.

왜 페미사냥인가

2016년 넥슨 성우 교체 사건의 여파로 웹툰계를 중심으로 몇 달 내내 이어진 메갈 색출과 공격의 광풍을 경험한 시점부터 나는 이 일이 단순히 인터넷에 찌든 지질한 일부 남성이 벌이는 우스운 소동이 아님을 알게 되었다. 이 문제는 시장의 젠더 구조와 밀접하게 얽혀 있었다. 노동자이자 소비자인 나 그리고 많은 페미니스트 여성이 느낀 무력감과 위축감에는 분명 의미가 있었다. 그 사회적 효과를 파헤쳐야만 했다.

　　같은 시기 한 여성학 수업에서 『캘리번과 마녀』[4]를 접한 일은 기막힌 우연이었다. 페미니스트 활동가이자 연구자 실비아 페데리치의 이 저작은 근대로 이행하는 시기의 여성사를 추적함으로써 가부장적 통치가 자본주의 체제의 필요에 따라 새로 재편되는 양상을 드러낸다. 페데리치는 그동안 중세 종교의 비이성이 작동한 결과로 치부되었던 마녀사냥을 근대 자본주의 체제의 정치경제 기획

4　　실비아 페데리치, 성원·김민철 옮김, 『캘리번과 마녀』(갈무리, 2011).

으로 다시 조명했다. 그에 따르면 마녀사냥은 이전까지 여성들 사이에서 전수되던 피임과 임신 중절, 출산, 치료에 관한 지식과 실천을 범죄화하여 재생산에 관한 여성의 통제력을 강탈했고 부정적인 여성관을 널리 퍼트렸다. 특히 부르주아적 젠더 이상에 반하는 하층 계급의 반항적이며 성적으로 자유로운 여성들을 공개적으로 고문하고 처형해 이들의 계급 투쟁을 억압했다.

자본주의 체제는 집단적 색출과 공격의 대상으로 부정적인 여성상을 만들고, 가부장적 지배 구조에 반하는 존재와 실천을 마녀로 지목한 뒤 공개 처형한다. 페데리치가 분석한 마녀사냥의 양상과 그 서술 방식은 지금의 페미사냥을 설명하는 데에 그대로 써도 크게 어긋남이 없다.

마녀사냥에 관한 여성사적 연구는 마녀사냥이 여성에 대한 전쟁임을 명확히 한다. 무자비한 공격의 원흉이 무엇이며 마녀로 희생된 여성들이 누구에게 무엇을 빼앗겼는지, 그 결과로 어떤 지배 구조가 세워졌는지를 직시하도록 한다. 마녀사냥을 중세적 광신의 산물이라는 기존 통념으로만 이해한다면 왜 하필 여성이 마녀가 되고 사냥당했는지를 묻지 못한 채 이들의 희생은 자연화된다. 오늘

날 근대 자본주의는 마녀사냥으로 축적한 재산을 뒤로 숨긴 채, 야만적인 참상을 계몽으로 종결시킨 구원자의 얼굴을 하고 있다. 그러나 진실은 그 반대다.

21세기의 페미사냥을 여성학적 관점에서 역사화하여 보는 작업은 필요하며 중요하다. 지금의 참상을 당연한 일로 흘려보내지 않고, 상대의 책임을 묻고 저항의 대상을 바로 세우기 위해서다.

페미니즘의 자리에서
상대를 똑바로 알기

이 책의 제목이자 나의 주장 전체를 이끄는 데 사용한 페미사냥이라는 용어는 여성 개개인과 '페미(메갈)'의 연관성을 색출 및 공론화하고, 페미(메갈)를 시장에서 퇴출할 것을 기업에 요구하는 소비자 행동주의를 가리키기 위해 고안된 것이다. 2016년에 이러한 현상은 '메갈 색출', '메갈 사냥', '○○계 여혐 사태', '메갈 사상 검증' 등으로 지칭되었다. 2018년 3월 연속된 게임계 사건 이후 페미니즘 운동에서는 이를 주로 '페미니즘 사상 검증'으로 명명하여 대응했으며, 현재까지 이 이름이 일반적으로 널리 알려져 있다.

하지만 소비자 정치라는 측면에 주목한 이 책은 소비자 집단의 현상 인식과 더 가까우며 사건의 초기부터 사용된 페미사냥을 채택했다. 한편으로는 작금의 현상이 반복되어 온 과정과 자본주의 경제 체제에서의 구조적 원인을 드러내기 위해, 다른 한편으로는 마녀사냥을 시초축적 과정으로 보는 자본주의 체제에 관한 여성학 연구사에 나의 작업을 위치시키기 위해서다.

이 책은 2016년 넥슨 성우 교체 사건부터 '페미'에 대한 낙인이 심화된 2024년까지 발생한 주요 사건을 시간순으로 살피며 이를 둘러싼 배경, 전개, 심화, 결과를 분석한다. 사냥의 현장에 쏟아지는 조롱과 혐오를 단순히 전시하고 비판하는 데 그치지 않고, 이것이 특정한 정치사회적 맥락에서 발생하고 상호작용해 온 현상임을 강조하기 위해서다.

본문 전체에서 밝히고자 하는 페미사냥에 관한 핵심적인 생각은 크게 세 가지다. 첫째, 페미사냥은 대중문화 시장과 온라인 공간이라는 장을 중심으로 발생한 사건이다. 대중문화의 일거수일투족을 다루는 온라인 커뮤니티는 현대인 대다수의 일상과 함께하는 소비, 놀이의 영역이다. 이러한 장의 사회적 반향은 후기 자본주의 체제에 더욱 증대되고 있다. 가령 대중문화와 온라인 공간은 2015년을 기점으로 대중화된 페미니즘 운동이 촉발되고 변화의 토대가 된 대표적인 장이다. 페미니스트의 활동이 온라인 곳곳에서 가시화됨에 따라 이에 대한 백래시로서 페미사냥이 발생했다.

이를 뒷받침하는 1장은 페미사냥에 관한 기존 논의가 소비와 놀이라는 오늘날 시장의 특성을 충분히 고려하지 않았다는 점을 짚는 데에서 출발한다. 넥슨 성우 교체 사건을 핵심 사례로 두고, 놀이의 당사자가 아니라면 간과하기 쉬운 페미사냥의 맥락을 찬찬히 살핀다. 2장에서는 페미사냥의 특수한 배경 조건인 남성향 서브컬처 오타쿠 문화의 특성을 설명할 것이다. 이어지는 3장은 남초 커뮤니티라는 온라인 환경에서 '페미는 사회적으로 퇴출되어야 할 반사회적인 여성 집단이다'라는 음모론이 어떻게 구성되었는지를 구체적인 사례를 통해 분석한다.

둘째, 페미사냥은 시장의 성차별적 젠더 구조를 드러내는 현상이다. 또한 이는 신자유주의 통치성의 젠더 정치라는 조건과 상호작용하며 심화된다. 소비자운동이란 본래 자본의 측면에서 강자인 기업에 대해 소비자가 직접적인 피해에 대한 보상이나 기업의 사회적 책임을 요구하는 움직임이라는 역사적 맥락이 있다. 그렇다면 '페미'에 의한 피해를 주장하는 남성 소비자운동은 어떻게 힘을 얻은 것일까?

4장에서는 사냥을 반복하며 피해자로서의 남성 소비자라는 지위가 발견되고 구성된 과정을 다룬다. 5장에서는 새로 발굴된 남성 소비자의 전략이 온라인 남성 문화로 양식화되는 면면을 들여다본다. 같은 남성으로서 느끼는 동질감, 소비자 영향력을 확인하는 즐거움, 무엇보다 '진정한 시장의 주인은 남성'이라는 통념과 이에 기반한 요구가 기업의 승인을 받는다. 이 모두가 페미사냥을 재생산하는 강력한 동력이었다.

셋째, 페미사냥은 페미니즘 대중화 이후 페미니스트 운동에 대한 백래시다. 6장에서는 페미니스트를 낙인찍기하고 페미니즘에 대한 반사회적 혐오를 불러일으키는 사냥의 담론을 살핀다. 이와 같은 담론은 노동 시장과 소비 시장에서 여성과 페미니스트를 상시적으로 감시하고 검열하는 폭력을 정당화한다. 여성의 삶과 성평등을 향한 정치가 위축된 현실을 타개할 방법은 무엇일까?

이상의 논의 속에서 나는 다음과 같은 질문을 던지고 답하려 했다. 페미사냥의 표적은 누구인가? 페미사냥에서 드러나는 여성혐오와 반페미니즘의 양상은 이전 시대의 다른 현상과 어떤 점에서 같고 다른가? 페미사냥은 동시대의 어떤 사회적 환경 및 구조와 상호작용하는가? 페미사냥으로 영향력을 강화하는 담론과 세력은 어떤 체제를 지지하며, 누구에게 이익을 가져다주는가? 이 중 첫 번째 질문과 마지막 질문은 특히 중요하다. 첫 번째 질문의 답은 지금의 페미니즘 운동이 기억하고 북돋아야 할 존재들이기에, 마지막 질문의 답은 계속 투쟁해야 할 대상을 규정하기에.

이상의 내용은 나의 석사학위논문[5]에 바탕을 둔다. 이 연구는 한국 사회에서 페미니즘이 해명과 사과를 요하는 논란의 원인이자 여성의 사회적 지위를 위협하는 낙인이 된 이유를 온라인 공간을 중심으로 형성되고 전파된 음모론적 '페미(메갈)' 담론이 대중의 상식에 침투한 데서 찾았다. 상식적으로 이해하기 어려운 페미니스트에 대한 음모론이

---

5   이민주, 「반페미니즘 남성 소비자 정치의 탄생: 대중문화 시장에서의 '메갈 색출' 사건 사례를 중심으로」(이화여대 석사학위논문, 2022).

퍼진 배경에는 2016년 넥슨 성우 교체 사건과 이를 선례로 삼은 페미사냥이 온라인 콘텐츠 시장 전반에 영향력을 키워 온 흐름이 있다는 사실을 있는 힘껏 전하고자 한다.

온 세상에는
충격 한 방이 필요하다

페미사냥이 온라인 콘텐츠 시장에서 소비자운동의 형식으로 나타난 것은 우연이 아니다. 사냥의 표적이 된 '페미' 곧 대중화된 페미니스트 주체들이 바로 여성혐오적 온라인 공간의 놀이문화와 대중문화에 저항하며 등장했기 때문이다.

페미니스트들은 소비자이자 대중문화 향유자로서 쌓아 온 역량을 운동의 도구로 삼았다. '김치녀'와 '맘충'을 조롱하는 인터넷 유머에 미러링으로 대항했고, 여성을 과도하게 성적으로 대상화하고 비하하는 광고와 콘텐츠, 인물 등을 여성혐오로 문제시하여 집단 불매하거나 민원을 넣었다.

페미니스트들의 소비자운동은 온라인 공간과 대중문화 시장에서 남성들이 느끼는 권력감에 대한 강력한 위협이었다. 온라인의 남성들은 오직 자신만의 즐거움을 위해 차려졌다고 믿은 '판'에 모두의 즐거움을 고려해야 한다는 경고가 내려지고 새 규칙을 만드는 움직임이 일자 놀이터를 아주 빼앗겼다는 듯 억울함을 표출했다. 남성 이용자는 부정적인 페미 담론을 형성하며 페미니스트를 공격했고, 이에 대한 반발에는 무분별한 페미사냥으로 응수했다.

신자유주의 통치성의 젠더 정치라는 측면에서 일련의 사례를 분석하는 내내 나는 나 자신을 비롯한 동시대 페미니스트들이 지극히 신자유주의적인 주체임을 실감할 수밖에 없었다. 여성 소비자라는 단일 정체성 아래 결집하는 일, 소비자의 구매력에 기반한 규모의 정치를 하는 일은 너무도 쉽게 체제에 복무하게 되거나, 혹은 알지 못한 채 그 체제에 이용당하기 마련이다.

돌이켜보면 우리는 여성으로서 통제할 수 있는 얼마 안 되는 일 중 하나가 소비와 감정적 공감임을 직관으로 알았던 것 같다. 강간 모의와 실행이 실시간으로 이루어지는 온라인 현장을 지켜보며[6] 무력감을 느낄 때, 강남역 앞 번화가에서 나와

6   1999년부터 운영된 포르노 사이트 '소라넷'에서는 아동 포르노

닮은 누군가가 여성이라는 이유로 살해될 수 있음을 깨달을 때, 우리가 당장 할 수 있는 게 없음을 여실히 느낄수록 통제력을 갖는 일은 더없이 절실했다.

여성혐오와 구조적 성차별의 실재를 알려고도 시인하려고도 하지 않는 사회에서 많은 페미니스트는 '여성혐오에 반대하는 여성이 내는 돈이라도 헤아려 보라'고 외쳤다. 시간이 지날수록 이 외침에는 페미니즘이라는 알맹이가 떨어져 나가고 여성 소비자를 대우하라는 껍데기만 남게 되었다. 그리고 이 사회는 여성 소비자 말을 들어야 한다면 남성 소비자 말도 듣겠다고 응답했다. 대등하지 않은 것을 대등한 쌍으로 비교하는 부당한 체제에서, 어떻게든 힘을 더 키워 남성보다 더 대우받아야 한다는 조급함이 껍데기를 계속 키웠다.

이 책에서 나는 '페미'를 향한 공격이 2015년 전후 등장한 대중화된 페미니즘 운동에 대한 직접적인 백래시임을 힘주어 외친다. 페미사냥은 페미니즘 운동과 이에 따른 여성·소수자 집단 권리의

와 불법 촬영물이 공공연히 공유되었고, 특정 게시판에서는 성폭력 범죄를 모의하고 실행했다. 2015년 페미니스트들에 의해 이와 같은 실태가 공론화되었고, 2016년 서버가 폐쇄됐다.

증진이 사회적으로 인지되며 발생한 반동과 역행 그 자체라는 주장이다. 페미니즘 백래시는 페미니즘이 성취해 낸 것을 억누르고 되돌리려 한다. 페미사냥을 백래시로 진단하는 관점은, 이 현상의 본질을 파악하는 데 그치지 않고 그 반응을 일으킨 페미니즘 운동의 의제와 성과를 통합적으로 살피기를 요청한다. 그러니까, 우리는 적을 알고 싶은 만큼 우리를 알아야 한다.

페데리치는 『캘리번과 마녀』 첫 장 제목에 다음과 같은 구절을 붙였다. "온 세상에는 충격 한 방이 필요하다." 충격은 곧 억압받는 이들의 혁명이다. '충격 한 방'은 영영 오지 않을까? 아니, 나는 2015년 페미니즘 대중화가 한국 사회에 확실한 한 방을 주었다고 믿는다. 그리고 그때의 충격이 사그라지지 않기를 바란다. 바로 백래시이자 반혁명인 페미사냥을 비판하고 중단시킴으로써 말이다. 정확한 인식과 진실한 용기를 요하는 이러한 개입의 과정에 여러분이 함께하기를 바란다.

차례

일러두기

1   저자의 주는 각주로 표시했고 참고 문헌은 권말에 모았다.
     외래어 표기는 국립국어원의 외래어 표기법을 따랐으며 일부 관례로
     굳어진 것은 예외로 두었다.
2   온라인상의 이미지, 게시글, 댓글을 인용할 경우 출처를 밝혔다.
3   단행본은 『 』로, 논문, 기사, 영화 등 개별 작품은 「 」로, 잡지 등
     연속간행물은 《 》로 표시했다.

1장

사냥터가 된 놀이터

2024년 파리 올림픽 중계에서 MBC는 하계 올림픽 최다 금메달 기록을 소개하면서 금메달 3개를 수상한 안산 선수를 제외했다. 안산 선수는 바로 직전 대회인 2020년 도쿄 올림픽에서 한국 선수 최초로 단일 대회 3관왕을 기록했다. 시기로든 상징성으로든 도저히 누락시키기 어려운 사건이었다. 시청자의 항의가 일자 MBC는 "실무자의 단순 실수"라고 해명했다.

사실 안산 선수가 소개에서 제외된 사실을 발견하고 분노한 이들은 모두 알고 있다. 2021년 그가 금메달을 차지할 당시 머리가 짧고, 여자대학교를 다녔고, 호남 출신이며, 무엇보다 사회 문제에 대해 생각을 표현하기를 거리끼지 않는 젊은 여성이라는 이유로 페미로 몰려 부당하게 공격당했다는 사실을. 그의 의연한 대응에도 불구하고 지금까지 끈질기게 그를 모욕하고 논란거리로 만들려 드는 이들이 있다는 사실을. 여성이 다른 여성의 성취에 기운을 얻고 자랑스러워할 때 어떻게든 그 힘을 빼놓으려는 반동이 나타난다는 사실을 말이다.

먼지 차별이라는 말이 있다. 2015년 여성 단체 한국여성의전화가 마이크로어그레션(microaggression), 즉 소수자에 대한 일상 속 작고 미묘한 차별이라는 개념을 이 말로 옮겨 알렸다. 먼지는 알아차리기 어렵다. 먼지를 의식하고 털어내야 하는 사람, 사실 비유가 아닌 현실에서도 주로 여성인 이들은 예민한 사람이 된다. 나의 공간에 먼지가 쌓이면 내내 숨이 막히고 기운이 빠진다. 방송사가 여성 선수의 업적을 지운 사건은 전형적인 먼지 차별이다. 직접 당한 당사자뿐 아니라 그와 같은 소수자성을 공유하는 이들에게도 향하는 차별이다. 이런 반동은 치졸하다. 항의하는 이들의 말을 반동이 머무는 저열한 자리로 끌어내리며, 아래로 떨어진 이들이 스스로를 미워하고 검열하게 만들기 때문이다. 그리고 반동은 말할 것이다. 사소한 걸로 왜 그렇게 피곤하게 구느냐고.

조금 다른 맥락의 사소함을 이야기해 보자. 먼지 차별은 작고 미묘한 방식으로 이루어져 문제 삼기가 어렵다. 그런가 하면 이런 차별도 있다. 당사자의 생존, 생계 문제와 거리가 멀다고 여겨지는 영역에서 벌어지는 차별이다. 이런 문제에 맞서는 정치는 기존 체제에서 정당성을 얻기가 무척 어려우며 이런 반응과 마주하기 십상이다. '네 일도 아닌데 왜 유난이냐?' '그냥 관심을 끄면 되지 않냐?' '놀다가 그런 것도 신경 써야 하냐?' 그렇다. 페미사냥이 바로 이런 종류의 문제다.

최초의 페미사냥

페미사냥은 여성 개인의 사회경제적 삶을 실질로 무너뜨리는 폭력이다. 그런데 이는 여성 집단과 페미니스트 집단의 즐거움과 성취감 그리고 희망을 공격하는 일이기도 하다. 페미사냥의 첫 사례로 꼽을 수 있는 넥슨 성우 교체 사건부터가 그랬다. 이 사건이 있은 지 8년이 지난 지금, 사람들은 '페미'로 지목되어 부당 해고된 피해자의 사정을 자세히 알기보다 페미의 징표로 조작된 '집게손' 표식이 만든 부당한 사건들을 연일 접하고 있다.

넥슨은 어쩌다 자신들의 캐릭터에 생명력을 불어넣어 주는 성우를 하루아침에 해고하게 된 것일까? 그 전말은 이렇다.

사건이 벌어지기 전날인 2016년 7월 17일 저녁, 「클로저스」의 신규 캐릭터 티나 역할을 맡은 A 성우가 자신의 트위터 계정에 'Girls do not need a prince'라는 문구가 적힌 티셔츠 사진을 올렸다. 그 티셔츠는 크라우드펀딩 웹사이트 텀블벅에서 진행한 페미니즘 후원 모금 프로젝트의 보상 상품이었다. 해당 후원 프로젝트는 페미니즘 이슈를 소개하는 페이스북 페이지 '메갈리아4'를 페이스북 코리아가 편파적으로 삭제하자, 메갈리아4 운영진이 플랫폼을 상대로 소송 비용을 마련하고자 진행한 것이었다. '한 장의 페미니즘으로 세상과 맞서다'라는 이름으로 진행된 이 모금에는 후원금 1억 3천여만 원이 모였다. 강남역 살인 사건이 일어난 직후의 영향으로 사람들은 모금 취지에 동의하는 것을 넘어 직접 행동했다. 이들은 후원 보상인 티셔츠를 입거나 찍어 올려 자신이 페미니스트임을 일상에서 드러냈다.

만약 내가 A 성우의 트윗을 직접 봤다면 좋아하는 게임의 성우가 페미니스트라는 사실에 고양

되었으리라. 또 응원의 마음으로 기꺼이 그가 연기한 신규 캐릭터를 구매했을지도 모르겠다. 하지만 A 성우의 트윗을 먼저 발견한 이는 메갈에 대한 반감을 쌓아 온 남성들이었다. 이들은 「클로저스」이용자 커뮤니티에 해당 트윗을 전달하며 메갈을 퇴출해야 한다고 여론을 몰고 갔다. 이내 그 방책으로 보이콧이 제안됐다.

그러므로 티나한테 주려고 충전한 캐시 등을 환불하고 인터넷에 인증하는 릴레이가 시작되면 넥슨 측에서도 법적 절차 들어가기 용이함. 아무리 게시판에서 도배를 하고 씹덕 죽어요~ 해봤자 문상 5천 원으로 충전한 캐시 환불하는 게 진짜 법리적으로 "손해"라고 해석 가동임.[1]

법적 절차? 법리적으로 손해? 나를 비롯한 페미니스트 오타쿠들은 마냥 확신에 찬 이들의 태도에 의아함을 느꼈다. 게다가 반복된 '총공',[2] 모금과

---

1   ㅇㅇ(익명), 「<진지> 메갈 성우때문에 회사에 실질적으로 "피해"를 입어야 해고 가능」, 디시인사이드 클로저스 갤러리, 2016년 7월 19일.

2   온라인에서 정해진 시간에 여러 이용자가 단합해 특정 키워드

불매, 조직화에 익숙하던 페미니스트들에게 의제를 정돈할 의지도 역량도 없는 오합지졸의 면모는 불쾌하기까지 했다.

그래서일까. 「클로저스」에서 성우를 교체한다는 공지가 올라왔을 때, 나는 이 결정이 반여성적인 게임 운영진의 일탈이리라 잠시 기대하기도 했다. 트위터의 수많은 페미니스트가 '#넥슨_보이콧' 해시태그를 달고 구체적인 비판 의견을 쏟아내는 모습, 또 다른 커뮤니티에서 넥슨 본사 앞 집회를 조직했다는 소식을 접하며 넥슨이 성우 해고 결정을 번복하리라 짐작했다. 2016년의 페미니스트이던 내게는 그만큼 문화 시장 소비자로서의 자신감이 있었다. 그러나 「최강의 군단」 등 넥슨이 배급하던 다른 게임에서도 A 성우의 목소리를 삭제한다는 공지가 연이어 올라왔고, 사태는 넥슨을 비판한 이들에 대한 남초 커뮤니티의 집단 공격으로 급변하며 확산됐다.

나 메시지 등을 집계 순위에 올리는 행위. 여성 팬덤 문화에서 주로 비롯했다.

여성과 여성의 즐거움을 공격하다

넥슨은 게임 업계에서 손꼽히는 대기업이다. 최초의 페미사냥에 대한 페미니스트의 저항 또한 매우 거셌기에 성우 교체 사건은 언론 보도와 게시글 공유 등을 통해 떠들썩하게 알려졌다. 이 사건은 온라인 공간의 대중에게 페미니즘과 메갈리아 등의 이슈가 널리 퍼진 주요한 계기라 할 만했다.

남초 커뮤니티 '일간베스트'와 '에펨코리아'의 인기 게시글 46만 건을 분석한 《한겨레21》의 기사를 보면 2016년 7월을 기점으로 에펨코리아 내에서 페미니즘과 여성가족부 관련 게시글이 폭발적으로 증가한 것을 확인할 수 있다.[3] 이 사건을 통해 남초 커뮤니티의 이용자들은 창작자가 남성의 힘을 과시할 목적으로 쉽게 괴롭힐 수 있는 대상임을 확인했다. 창작자는 문화적 영향력을 가졌으며 대중의 반응에 그대로 노출되어 있기도 하기 때문이다. 그렇게 수많은 창작자의 일터이자, 페미니스트 대중에게는 놀이터이고 정치적 삶터이기도 했던 온라인 문화 시장은 반페미니스트의 사냥터가 되

---

3   박다해, 「페미니즘은 죄가 없다」, 《한겨레21》, 2022년 10월 4일.

고 말았다.

다수의 창작 노동자가 프리랜서 외주 계약의 형태로 일하는 문화 콘텐츠 업계 특성상 대부분의 페미사냥 피해 사례는 현행 「근로기준법」상 해고로 인정받지 못했다. 그러나 실상 기업의 업무지시와 관리 감독을 따르는 창작 노동자가 기업의 일방적 결정으로 일자리를 잃은 사건은 부당 해고로 적극적으로 명명하는 것이 옳다.

다음은 2016년에서 2024년까지 페미사냥의 주요 연대기다.

2016년

7월 18일   넥슨 성우 교체 사건

넥슨이 배급하는 게임 「클로저스」의 신규 캐릭터를 담당한 A 성우가 'Girls Do Not Need A Prince' 티셔츠를 개인 소셜미디어에 인증하자 이를 문제 삼은 소비자가 불매를 선언했다. 넥슨은 자사의 모든 게임에서 A 성우의 작업물을 삭제했다.

7월 20일   웹툰계 메갈사냥

넥슨 성우 교체 사건 후 온라인 커뮤니티 '디시인사이드 웹툰갤러리' 이용자가 주축이 되어 사건 피해자를 옹호하고 넥슨을 비판한 문화 창작자에 대한 색출과 공격이 일어났다. 공격은 웹툰계에서 두드러졌으며, 대표적인 사건으로

웹사이트 '나무위키' 내 「메갈 블랙리스트」 문서 작성, 웹툰
플랫폼 레진코믹스 집단 환불 및 탈퇴, 웹툰계 예스컷 캠페
인, 동인 문화 공격 등이 있다.

2018년

| 2~3월 | 여성 아이돌
페미니즘 사상 검증 사건 |

2월 13일, 한 여성 아이돌이 소셜미디어에 'Girls can do
anything' 문구의 휴대폰 케이스 사진을 올렸다가 페미니
스트라며 공격당해 사진을 삭제했다. 3월 18일, 다른 여성
아이돌이 팬미팅에서 소설 『82년생 김지영』을 읽었다고 말
하자 일부 남성 팬덤에서 비난이 일었고, 온라인 커뮤니티
에 앨범과 사진을 불태우는 인증 사진과 함께 불매를 선언
하는 글이 올라왔다.

| 3월 21일 | 「소녀전선」 사건 |

인기 모바일 게임 「소녀전선」의 신규 캐릭터를 그린 일러스
트레이터가 젠더 이슈에 관한 소셜미디어 활동을 근거로 페
미니스트로 지목되었고, 캐릭터 출시 취소로 이어졌다. 이를
계기로 「클로저스」, 「소울워커」, 「마녀의샘」, 「트리오브세이비
어」 등에서 게임계 메갈 사냥이 대대적으로 재점화되었다.

| 3월 27일 | 'IMC게임즈' 사건 |

IMC게임즈가 서비스하는 게임 「트리오브세이비어」의 일러
스트레이터가 한국여성민우회 소셜미디어 계정 팔로우 등
을 근거로 페미니스트로 지목됐다. 게임사 대표 김학규는

자사 홈페이지에 페미니스트 여부를 추궁하는 당사자와의 면담 내용을 게시했다.

2019~2021년

2019년 11월 16일   '티키타카 스튜디오' 블랙리스트 사건

티키타카 스튜디오가 개발한 게임 「아르카나 택틱스」의 공식 카페에서 페미사냥이 발생하자, 게임사는 '논란의 여지가 있는 작가의 리스트를 찾아 먼저 배제해 왔다'고 발표했다. 이에 게임 업계 내에서 페미니스트 블랙리스트가 존재한다는 사실이 알려졌다.

2020년 8월 2일   「가디언테일즈」 사건

게임 「가디언테일즈」의 대사 중 "이 걸레년이"가 "이 광대 같은 게"로 수정되자 이러한 수정이 페미니스트에 의해 이루어졌다고 주장하며 페미사냥이 일어났다. 운영진이 사과문을 게시하고 대사를 되돌렸음에도 논란이 가라앉지 않자 배급사인 카카오게임즈는 운영진을 교체했다.

2021년 3~5월   '허버허버' 유행어 사태

여성들이 주로 사용하던 온라인 유행어 '허버허버', '웅앵웅' '오조오억' 등이 '남성혐오' 표현이라는 주장이 제기되며 해당 표현을 사용한 이모티콘, 인플루언서 등을 대상으로 페미사냥이 벌어졌다. 카카오는 해당 표현이 들어간 이모티콘을 판매 중단했다.

2021년 5월 1일　　　　　GS25 집게손 사태

남초 커뮤니티를 중심으로 편의점 GS25의 행사 홍보물에 메갈리아의 상징이 삽입되었다는 의혹이 제기되자 운영사인 GS리테일이 공개적으로 사과했다. 이 여파로 식음료, 의류, 금융사 등 분야를 막론하고 기업 홍보물에서 '집게손' 및 '페미'와의 연관성을 색출하는 집단적 움직임이 일었다. 이는 비영리단체와 국방부, 경찰청, 행정안전부 등 국가기관에 대한 민원으로까지 확장되었다.

2023~2024년

2023년 7월 25일　　　　　'프로젝트 문' 사건

게임 「림버스컴퍼니」의 이용자 일부가 여성 캐릭터의 이벤트 일러스트 수영복 의상에 노출이 적다고 항의했다. 이들은 그 이유가 개발진 내에 페미니스트가 있기 때문이라고 주장하며, 개발진인 여성 일러스트레이터가 이전에 개인 소셜미디어에 젠더 폭력 이슈를 리트윗한 적이 있음을 증거로 들었다. 운영사 프로젝트 문은 해당 직원과 계약을 종료하겠다는 공지를 냈다.

2023년 11월 26일　　　　　넥슨 집게손 사태

일부 게임 이용자가 넥슨이 배급하는 게임 「메이플스토리」 홍보 영상 중 0.1초 남짓한 장면을 갈무리하여 '남성혐오'를 의미하는 집게손 모양이 드러났다며 항의했다. 넥슨이 항의를 받아들이면서 대다수 국내 게임사와 일부 기업이 집게손 모양이 드러난 콘텐츠를 수정했고, 자사 노동자에게 사상 검증과 위협을 가했다.

자동차 제조사 르노코리아의 신규 모델 홍보 영상에 여성 직원이 집게손 모양을 했다는 이유로 페미사냥이 발생했다. 르노코리아는 공식 사과 후 영상을 내렸으며, 진상 조사 결과가 나오기 전까지 해당 직원의 직무 수행을 금지했다고 밝혔다.

2016년 넥슨의 성우 교체 사건 이후 지금까지 대중문화 콘텐츠 시장을 중심으로 이어진 페미사냥은 대표적인 흐름만 짚어도 두 손에 다 꼽을 수 없다. 비교적 알려진 사건만 백수십 건이 넘으며, 공론화되지 못한 경우와 일상 사례까지 따지면 수를 헤아리기 어려울 것이다. 그 무수한 사례마다 여성들이 만든 고유한 문화와 즐거움이 있었다. 또한 문화를 즐기는 이들 사이에, 그들이 머무는 공간 곳곳에 애정과 공력이 넘나들었을 터다. 페미사냥이 쑥대밭으로 만든 것들이다.

처음 페미사냥을 겪을 때만 해도 나는 그저 운이 나빴다고 믿고 싶었다. 그러나 계속된 사냥에 즐거움의 선택지가 끊임없이 줄며 어느덧 포기가 익숙해졌다. 좋아하던 웹툰의 작가가 공격당해 연재를 쉬었고, 조직적인 민원으로 동인 행사가 더는 열리지 못하게 되었다.[4] 페미사냥에 동조한 기업을 불매하면서 할 수 있는 게임이 한 자릿수로 적어졌다.

한편 처음에는 '메갈'을 명목으로 여성과 페미니스트를 위축시키던 공격은 점차 '페미'라는 이름으로 페미니즘 자체를 죄목 삼게 되었다. 나는 어떤 창작자에게서나 특정 창작물에서 페미니즘적 의미를 발견하면 들뜨고 벅차올랐다가도, 이를 널리 알리기가 망설여졌다. 심지어 페미사냥 집단의 시야 안에서 무언가를 즐기는 모습을 보이기조차 주저될 때가 있었다. 본보기가 될 만한 다른 페미니스트, 여성 창작자들이 페미사냥의 볼모로 잡혀 있었기 때문이다. 페미니스트가 스스로 기뻐할 자격이 없는 존재인 듯 느끼게 조여 온 과정. 그것이 페미사냥의 전말이다.

---

4   서브컬처 문화에서 동인이란 자신이 좋아하는 장르에서 아마추어 창작을 하거나 다른 동인과 교류하는 집단을 말한다. 이들은 자신이 몸담은 장르의 캐릭터나 서사를 각자가 추구하는 방식으로 재창작한다. 동인 행사에서는 이러한 창작물을 전시하거나 사고파는데, 어떤 재해석은 역으로 본래 작품에 영향을 미치기도 한다.

그런 남자는 없다

동시대 페미니즘 운동에서 나타나는 관심과 그 영향력에 비해 이제껏 페미사냥은 여성학의 연구 주제로는 상대적으로 적게 다루어졌다. 또한 페미사냥을 분석하는 학술 논의와 대중 담론 대다수는, 심지어 페미사냥을 비판적으로 보는 관점에서조차 젠더 구조의 문제를 중요하게 보지 않는 경우가 많았다.

페미사냥에 관한 흔한 담론은 이를 일부 비주류의 일탈적 남성들, 온라인 남초 커뮤니티 이용자와 서브컬처 오타쿠 소비자 집단이 일으킨 주변적인 현상으로 다루는 것이다. 2010년대 우리 사회의 온라인 공간에서 비정상적 남성성을 드러내고 혐오의 대명사로 불린 주체는 '일베'였다. 대중에게 페미사냥은 일베의 한심한 난동 중 하나로 피상적으로 인식되었다. 또한 사건이 주로 일어난 장이 서브컬처 문화 시장이었기에, 이는 진짜 여자를 못 만나서 가상에 매달리는 변태들이 벌인 문제쯤으로 치부됐다.

2020년대 이후 일부 반페미니즘 남성 집단의 반사회성과 폭력성의 문제가 사회적으로 가시화됐다. 이에 해외의 인셀(INCEL)[5] 담론을 수입해 페미사냥의 주동자를 '인셀 소비자'로 부르는 비판적 경향이 생겨났다. 페미사냥을 인셀에 의한 여성혐오 테러리즘의 일종으로 규정하는 관점은 여성혐오 문화라는 구조적 원인을 드러낸다는 의의가 있다. 그러나 여전히 사냥꾼들을 특정 비주류 남성 집단에 국한한다는 점에서 한계가 명확하다. 또한 인셀 소비자라는 지칭은 페미사냥을 벌이는 남성은 여자를 못 만나서 열등감에 찬 '하남자'[6]라는 식으로 비하하는 전략과 맞닿는다. 이런 전략은 못난 남성과 대비되는 정상 남성의 존재를 전제하고 그 우월함을 부각한다. 그럼으로써 페미사냥에 작용하는 남성 기득권의 문제를 가려 버린다.

---

5   비자발적 독신주의자의 약자로, 본래는 성별을 불문하고 연애에서 소외된 사람들의 온라인 자조 모임을 뜻했으나 이후 이기적인 여성들 탓에 여성과 성적 관계를 맺을 권리를 박탈당했다고 주장하는 여성혐오자 남성 커뮤니티로 의미가 변모했다. 인셀 현상에 관한 자세한 논의는 다음 책을 참조하라. 아미아 스리니바산, 김수민 옮김, 『섹스할 권리』(창비, 2022); 앤절라 네이글, 김내훈 옮김, 『인싸를 죽여라』(오월의봄, 2022); 로라 베이츠, 황성원 옮김, 『인셀 테러』(위즈덤하우스, 2023).
6   '남자다운 남자'를 가리키는 '상남자'에서 위 상(上) 자를 아래 하(下) 자로 뒤집은 말. 남자답지 못하다고 여겨지는 못나고 지질한 남자를 가리키는 은어.

페미사냥은 메갈을 일베에 대응하는 비정상적 여성성, 일명 '여자 일베'로 보는 시선에 따라 문제 집단끼리의 진흙탕 싸움쯤으로 여겨지기도 했다. 누군가는 메갈을 부정적으로 여기지 않으면서 이 현상을 단지 성별 간 또는 소비자 간 힘겨루기로 설명한다. 이러한 담론은 종종 페미사냥은 일부 일탈적 여성 소비자가 시장에서 벌인 행위에 대한 대가라는 식으로 나아가기도 한다. 예를 들면 여성들이 게임 「블루 아카이브」의 심의 등급에 문제를 제기해 선정성에 대한 심의가 강화하면서 남성 이용자들이 분노했고, 이에 남성들이 넥슨 집게손 사태를 일으켰다는 식이다. 그러나 이런 식의 설명은 여성과 남성 사이에 존재하는 구조적 차별을 지우며, 논점을 일부 '극단적인 성향'의 온라인 이용자들의 문제 즉 인성론으로 환원시킨다. 문제가 드러나는 양상에만 천착하느라 어느 쪽이 사회구조적 약자인가, 또는 무엇이 더 나은 사회적 가치를 지향하는 움직임인가라는 당위의 판단을 중지하게 된다는 점에서 부적절한 접근이다.

페미사냥과 같은 지금 한국 사회 반페미니즘 백래시 현상을 진단할 때 주로 제시되는 배경 요인은 신자유주의 체제에서 남성이 느끼는 사회경제적 위기와 불안 그리고 연애·결혼과 같은 친밀성 영역의 박탈이다. 최근 몇 년 사이 고용, 정치, 법제도 등에서 남성이 역차별당한다는 인식에 기초한 '남성 약자(피해자)론', '공정' 담론에 주목하는 분석이 꾸준히 나왔다.[7] 페미사냥을 청년 남성의 박탈감이 분출된 현상으로 보며, 젠더 문제가 아닌 세대 문제로 풀어야 한다고 주장하는 논의도 있다.[8]

이와 같은 분석 틀은 반페미니즘 현상 전반을 다루는 데에는 유용하지만 페미사냥의 원인과 동력을 충분히 설명하기에는 부족하다. 또한 오늘날 친밀성의 추구는 연애·결혼이 아닌 영역에서도 수시로 이루어지고 있다. 과연 지금 사람들을 정치적으로 움직이게 하는 요인이 일자리, 임금, 주거, 재생산과 같은 '먹고사는 일'뿐일까?

이러한 한계에 대응해 나는 취미와 소비, '덕질', 온라인 커뮤니티 활동처럼 '노는 일'에 몰입하고 영향을 받는 것이 줄곧 무시당하고 폄하되어 왔

---

7 반페미니즘 현상에 관한 대중서 대부분이 이런 방식으로 문제를 풀어 간다. 천관율·정한울, 『20대 남자 현상』(시사IN북, 2019); 김학준, 『보통 일베들의 시대』(오월의봄, 2022); 김정희원, 『공정 이후의 세계』(창비, 2022); 신경아, 『백래시 정치』(동녘, 2023), 나임윤경 외, 『공정감각』(문예출판사, 2023).

8 강준만, 『쇼핑은 투표보다 중요하다』(인물과사상사, 2020).

다는 사실을 짚고 싶다. 여기에는 온라인보다는 오 프라인이, 팬 활동보다는 현실의 관계가 더 가치 있고 중요하다는 위계 역시 작동한다. 그러다 보니 사회현상에 대한 논의에서는 온라인에서의 일상과 놀이에 대한 질문이 나오거나 솔직한 응답이 이어 지기가 드물다. 게임에서 여성을 희롱하는 시나리 오가 사라져서, 내가 속한 커뮤니티가 다른 커뮤니 티에 조롱당하는 게 싫어서 집단 행동에 참여했다 고 말하기보다는 남성에 대한 역차별에 분노했다 고 주장하는 쪽이 훨씬 쉽고 명분도 선다. 이미 마 련된 사회적으로 더 익숙하고 떳떳한 질문과 대답 을 따르기만 하면 되는 것이다. 사람들의 진짜 현 실과 욕망을 보려면 더욱 명료한 문제설정과 대상 을 분석하기 위한 구체적인 질문이 필요하다.

사냥꾼의 진짜 얼굴을 찾아서

근래에는 악성 소비자를 사태의 원흉으로 지목하는 담론이 힘을 얻으며 과도한 소비자주의를 경계해야 한다는 목소리가 커지고 있다. 페미사냥을 돈을 내 는 소비자가 돈을 받는 기업과 노동자에게 무엇이 든 요구할 수 있다고 여기는, 극단적이고 왜곡된 소비자주의의 발현으로 보는 것이다. 그런데 이처럼 소비자주의의 문제를 지적할 때 쉽게 끌려와 비난당하는 대상이 오히려 여성임은 우연이 아니다.

소비는 주로 여성의 역할로 여겨지고 여성이 수행한다. 바로 이러한 이유로 소비자 역할은 곧잘 폄하된다. 여성의 소비자주권이 충분히 행사되지 못함은 물론이다. 기존의 소비자운동에서 여성 소비자는 정치적 투쟁을 통해 소비자의 지위와 권력을 쟁취해야만 했다. 소비자운동과 소비자주의 담론을 여성이 주도해 온 이유다. 페미사냥을 신자유주의 사회에서 벌어진 소비자들의 문제로만 보는 관점은 오랜 기간 여성이 쌓아 온 소비자주의의 담론과 힘을 남성이 손쉽게 탈취했다는 점을 놓치기 쉽다.

시장을 합리적 경제 논리로 운영되는 공간으로 간주하는 담론에서 성원권을 가진 경제 주체, 곧 권리를 인정받는 소비자와 기업은 주로 남성으로 상정된다. 이와 달리 시장에서 소비자 또는 생산자로 가시화되는 여성은 경제 주체이기에 앞서 여성이라는 젠더로 범주화된다. 여성 그리고 페미니스트 소비자가 소비자 권리를 주장할 때보다 페미 색출을 주장하는 남성 소비자의 지위와 감정 존중의 요구가 더 큰 정치적 소구력을 발휘한 것이다. 여성 창작 노동자의 사회경제적 기반이 더 쉽게 박탈될 수 있었던 밑바탕에는 이처럼 뿌리 깊은 시장의 젠더 구조가 자리한다. 페미사냥은 이러한 구조를 지키기 위한 백래시에 다름 아니다.

페미사냥이 전제하고 주장하는 것, 사냥꾼들의 요구가 사회적으로 받아들여짐으로써 영향력을 확대해 가는 담론을 정리하면 다음과 같다.

> 하나, '페미'는 반사회적 여성 집단으로서 은밀하게 특정한 표식(집게손 등)을 드러내 서로의 존재를 확인하고, 조직에 침투하여 사람들을 선동하며, 남성에 대한 혐오를 표출하는 세력이다.
> 둘, 한국의 페미니즘 운동은 '여성우월주의'와 '남성혐오'로 변질되었다.
> 셋, 시장에서 진정성과 영향력이 있는 주 소비자는 남성뿐이며, '페미'는 그런 남성 소비자의 권리를 침해해 소비자 불만을 일으킨다. 따라서 남성 소비자와 기업은 페미로 인한 피해자다.
> 넷, 기업은 언제나 경제적 가치에 따른 합리적인 결정을 내리며, 소비자 지향 경영과 이윤 추구를 위해 '메갈 색출'을 수용하는 기업의 결정은 필연적이다.

다섯, 그러므로 '페미'는 노동 시장과 공적 공간에서 축출될 수 있고 축출되어야 한다.

페미니스트에 대한 부정적 담론이 온라인 밈과 '짤방'[9] 등의 디지털 콘텐츠를 타고 낮은 연령층도 쉽게 접할 수 있게 된 점에도 주목하자. 이러한 담론은 취미에 대한 정보를 습득하고 교류하기 위한 온라인 커뮤니티, 우리나라 인터넷 이용자 누구나가 참조하고 인용하게 된 웹사이트 '나무위키', 유튜브 채널 등 일상 영역에 전방위로 확산되었다. 이제껏 10대의 반페미니즘 현상은 주로 군 복무, 취업 등 예정된 과업에 대한 이른 불안으로 설명되었다. 그러나 지금 10대의 반페미니즘 정서에는 자신이 소속감을 느끼는 취미·온라인 공동체에 대한 감정적 동조와 그들에 대한 관심 추구, 집단적인 놀이에 참여하고 싶은 욕구, 온라인과 문화 시장에서 남성 주도권을 유지하려는 욕망 등이 더욱 주요한 요인이 되고 있다.

9   '짤림 방지'의 준말로, 남초 커뮤니티 '디시인사이드'에서 이미지가 없는 게시글이 자동으로 삭제되는 일을 방지하려 게시글에 무작위로 덧붙이던 이미지를 말한다. 지금의 '짤방' 또는 '짤'은 온라인상에서 공유되는 이미지 전반을 일컫는다.

페미사냥을 일으키거나 이에 대항하는 사람들의 폭발적인 행동력과 집요한 끈기는 그들이 즐기고 소비하는 대상을 향한 욕망과 열정에서 온다. 적수를 제대로 알고자 하는가? 그렇다면 우리는 문화, 소비, 감정, 관심과 같은 요인을 다시 봐야 한다. 후기 자본주의 시대에 영향력이 더욱 커졌으나 아직 무시되어온 정치적 장과 요인들 말이다. 다음 장에서 2016~2018년 초기 페미사냥이 주로 벌어진 '남성향 서브컬처'라는 장르의 특성과 이러한 장르 소비자의 반발에서 지금껏 간과된 욕망과 열정의 면면을 확인해 보자.

2장

페미가 깨뜨린 환상

이 책을 쓰는 동안 나를 참담한 기분에 잠기게 한 사건이 있었다. 2024년 5월 5일 열린 한 서브컬처[1]

---

1   이 책에서 '서브컬처'는 다음 정의를 따른다. "'만화'와 더불어 만화를 둘러싼 일련의 시청각 문화(만화, 애니메이션, 게임, 라이트노벨 등)와 그 파생 문화들(코스프레 등)을 가리키는 표현".(서찬휘, 『키워드 오덕학』(생각비행, 2017))
이러한 문화를 일컫는 더 일반적인 표현은 일본 비평가 아즈마 히로키가 제안한 '오타쿠계 문화'다.(아즈마 히로키, 이은미 옮김, 『동물화하는 포스트모던』(문학동네, 2007)) 다만 문화 시장에서는 오타쿠 콘텐츠 상품을 서브컬처라는 용어로 우회해 말하는 경향이 있다. 일본에서 벌어진 범죄와 사회 문제를 계기로 오타쿠 집단이 주목받으면서 '오타쿠'에 사회 부적응자나 성도착자와 같은 부정적 낙인이 부여되어 온 맥락 때문이다. 이러한 점을 고려해 나는 문화 시장의 특정 장르나 상품을 가리킬 때는 '서브컬처'를, 이러한 문화를 즐기는 집단을 말할 때는 맥락에 따라 '서브컬처 소비자'와 '오타쿠'를 혼용해 썼다.

행사에서 게임 「블루 아카이브」의 동인들이 어린 여자아이 캐릭터를 성적으로 학대하는 표현의 입간판과 상품을 부스에 전시해 경찰이 출동했다는 소식을 접한 것이다.[2] 이에 대해 남초 커뮤니티의 「블루 아카이브」 이용자들은 '페미'가 자신들을 공격하기 위해 경찰에 신고했을 것이라 주장하며 분노와 공격성을 표출했다. 정작 사람들 대부분은 남초 커뮤니티 이용자가 신고자를 색출하려 온라인에서 벌인 소동 때문에 비로소 상황을 인지했음에도 그랬다.

이들은 왜 글이나 사진으로 옮길 수조차 없는 수위의 아동 성 착취 표현물을 공유하며 놀고, 페미라는 적이 이를 제재한다고 단정하게 된 것일까. 어린이날 벌어진 이 사건은 현재 남초 커뮤니티를 기반으로 활동하는 남성 오타쿠[3] 집단이 그리는 페미의 상을 드러낸다. 이 사냥이 어떠한 장과 기제

---

2   강한들·전지현, 「어린이날에 '아동 성착취물 패널' 전시했는데 …… '아청법'은 '온라인'에만 초점」, 《경향신문》, 2024년 5월 7일.

3   특정 분야를 열성적으로 좋아하며 그에 천착하는 이들. 현재 우리 사회에서 오타쿠를 비롯한 '오덕', '덕후', '덕' 등의 파생어는 분야를 가리지 않고 무언가의 팬 또는 애호가인 사람을 가리키는 데 흔히 쓰인다. 그러나 이 책에서는 서브컬처 문화에 익숙하고 이를 즐기는 집단을 한정하는 데 사용했다.

안에서 발생하는지 엿볼 수 있는 사례이기도 하다.

앞서 페미사냥이 일부 남성 집단의 일탈로 분석되어서는 안 된다고 했다. 그러나 동시에 나는 이렇게도 말할 것이다. 페미사냥이 발생할 수 있는 조건을 구성한 특수한 장으로 남성향 서브컬처와 온라인 커뮤니티 문화를 봐야 한다고. 이 두 주장은 언뜻 모순되는 것처럼 보이지만 그렇지 않다. 페미사냥은 남성 주도성이 두드러지는 좁고 주변적인 문화와 시장 구조 안에서 발생한 후, 사회 전반의 남성중심적 구조와 상호작용하며 영향력을 확산해 가는 현상이기 때문이다.

그들은 다 같은 게이머일까

질문 하나를 던지고 싶다. 문화 소비를 분석한다고 할 때, 주말에 근처 영화관에서 흥행 순위가 가장 높은 영화를 보는 관객을 인터뷰해 '서울독립영화제'를 찾는 관객에 대해 이해할 수 있을까? 아마 아닐 것이다.

그런데 페미사냥의 주체를 분석하는 데에는 이런 식의 접근이 쉽게 이루어졌다. 아마 서브컬처에 익숙하지 않은 일반 대중과 연구자가 페미사냥이 이루어진 분야를 알고 접근하기가 쉽지 않기 때문일 것이다. 그런 의미에서 내가 하필 페미사냥이 이루어진 바로 그 콘텐츠의 소비자였던 점은 천운일지도 모른다.(사실 거짓말이다. 나는 이게 저주라고 생각한다.)

이제껏 페미사냥은 주로 게임 시장에서 벌어지는 문제로 다루어졌다. 연구자와 업계 전문가들은 게임 업계의 성차별적인 노동 구조와 여성혐오적 게임 문화를 주원인으로 꼽았다. 노동 문제라는 측면만 집중한다면 이는 맞는 말일 수 있다. 기업이 페미니스트로 지목된 노동자를 배제한 대다수 사례가 게임 업계에서 일어났기 때문이다. 그러나 이 변수만으로는 페미사냥이 발생하는 게임의 세부 장르가 사실 한정된다는 점, 그리고 게임 밖 문화 콘텐츠 영역에서도 페미를 배제하라는 소비자 요구가 계속 발생했다는 점을 설명하지 못한다. 즉 게임이라는 요인은 기업이 어떻게 여성 노동자를 배제할 수 있었는지는 답할 수 있지만, 애초에 소비자가 왜 페미를 배제하기를 요구했는지를 말하기에는 부족하다.

또한 게임을 중심에 둔 기존 연구는 사냥의 주체로 여겨진 젊은 남성 집단 사이에서 당시 가

장 인기 있는 게임인 「리그 오브 레전드」(이하 '롤'),
「오버워치」 등을 분석 대상으로 삼았다. 앞의 질문
을 다시 떠올려 보자. 과연 모든 게임 이용자를 동
일한 집단으로 볼 수 있을까? 현실은 게임 이용자
도, 남성성도 다변화되어 있다.

　가령 게임 「롤」과 「블루 아카이브」의 성격은
확연히 다르다. 한때 젊은 남성 사이에서 「롤」의 인
기는 축구에 비견될 만했다. 친구들과 피시방에 가
서 함께 즐길 만한 놀이고, 「롤」 티어(게임 내 실력
등급)가 높다면 또래 사이에서 선망의 대상이 될 수
도 있었다. 이 콘텐츠는 위인전 학습만화 《Who?》
시리즈로 「롤」 국가대표인 페이커 선수 편이 출간
될 만큼 대중적인 인지도와 위상을 갖췄다.

　반면 「블루 아카이브」는 오타쿠 집단의 전유
물이다. 주류 남성 무리에서 오타쿠는 조롱과 비하
의 대상이 되기 쉽기에 「블루 아카이브」 이용자들
은 취향과 문화를 공유하는 커뮤니티의 일원과 더
긴밀히 교류하고 이에 의존할 가능성이 크다. 이 두
종류의 남성 집단이 둘 다 여성혐오 문화를 공유하
고 있다고 해도 그 기제와 양상은 매우 다르지 않을
까. 어떤 남성성이 더 좋고 나쁜지 평가하자는 것이
아니라, 다른 것을 다르게 분석하자는 제안이다.

'오타쿠계'라는 세계

페미사냥을 노동 아닌 소비의 측면에 집중해 보면 다른 변수가 눈에 들어온다. 최초의 사례인 「클로저스」부터 페미니스트로 지목된 창작자를 배제한 「데스티니 차일드」, 「소녀전선」, 「소울워커」 등의 게임은 모두 일본 애니메이션풍의 캐릭터와 표현, 서사를 내세웠다. 이들 게임의 주류 이용자는 서브컬처에 익숙했고, 비단 게임을 하는 것 외에 캐릭터 팬 활동, 동인 창작 등 게임을 둘러싼 오타쿠적 소비 문화를 형성하고 있기도 했다. 이는 「롤」과 같은 주류 게임에서 주로 게임 플레이 자체와 관련된 커뮤니티가 형성되는 것과 구별되는 지점이다.

초기 페미사냥의 피해는 게임 외에 다른 서브컬처 장르, 즉 웹툰·웹소설과 출판만화, 라이트노벨 등에서도 일어났다. 이러한 사례에서 페미사냥을 주동하는 집단이 스스로를 "서브컬처 쪽 사람"이나 자조적 호칭인 "썹덕"[4]으로 지칭하는 모습을

4 '오타쿠'에서 파생된 은어. 일본어인 오타쿠가 한국에서 '오덕'으로 변화하고, 오덕을 강조하는 의미로 '십덕', '썹덕' 등의 용어가 분화했다. 오타쿠의 또 다른 은어 '덕후'가 팬과 애호가 전반을 가리킨다면 '썹덕'은 일본 서브컬처 소비자를 제한적으로 가

쉽게 볼 수 있다. 따라서 적어도 전 사회로 확산하기 전의 페미사냥은 서브컬처 소비 시장, 오타쿠 문화 안에서 발생한 문제로 보아도 좋을 것이다.

서브컬처 소비자의 특징은 자기 문화의 장르 도식과 취향에 익숙하고, 자신이 애호하는 콘텐츠 관련 정보를 적극적으로 수집·생산하고 교환한다는 점이다. 이들은 오타쿠 문화 전반을 하나의 '계(界)'로 인지한다. 오타쿠 생태계에서 발생하는 사건을 끊임없이 주시하며 내부인의 자의식으로 참여하기도 한다.

이들은 또한 많은 시간과 비용을 들여 열성적으로, 때로는 과시적으로 서브컬처 콘텐츠와 문화를 소비한다. 다른 이들보다 소비에 있어 충성도가 높다는 뜻이지만, 오타쿠는 여기서 더 나아가 어떤 콘텐츠를 좋아하고 소비하느냐로 자기 정체성의 핵심을 구성하기도 한다. 어쩌면 무엇에든 다소 과한 점이 오타쿠 문화에서의 미덕이라고 할 수 있겠다. 바로 이러한 특징이 페미사냥의 폭발적 동력과 지속성을 뒷받침하는 데에도 쓰였다. 일반적인 소비자는 자신이 소비하는 대상에 페미 딱지가 붙었

리키며, 주로 부정적 의미로 사용된다.

고 해서 어떤 수를 써서라도 그것을 떼버리려고 하지 않는다. 하지만 서브컬처 소비자는 그렇게 했다.

서브컬처 시장의 핵심 특징은 캐릭터가 가장 중요한 상품이라는 점이다. 아즈마 히로키는 1990년대 이후 서브컬처 문화 시장에 대해 다음과 같이 지적한다. 특정한 원작 콘텐츠를 게임, 만화, 라이트노벨, 음반, 캐릭터 상품 등 다양한 매체로 변용해 판매하는 마케팅 전략인 '미디어 믹스'가 대두되면서 개별 콘텐츠의 서사와 특징보다 캐릭터의 매력이 더 중요한 상품성이 되었다고.[5] 캐릭터가 어떤 콘텐츠의 한 요소로 상품화되는 것이 아니라, 캐릭터를 먼저 만든 뒤 그 캐릭터의 매력을 구축하고 홍보하는 콘텐츠를 판매하는 경향이 짙어졌다는 말이다.

캐릭터 중심의 서브컬처 시장에서 캐릭터의 외형과 성격, 행동 양식 등은 소비자의 취향에 맞추어 유형화되고 전형화된다. 그 속성은 고양이 귀, 메이드복과 같은 도상적 특성에서 새침하면서도 호의적인 태도를 동시에 보이는 '츤데레'와 같은 성격 유형, 여동생과 소꿉친구 같은 관계적 속성까지

5   아즈마 히로키, 앞의 책 참조.

다양하다. 서브컬처 장르의 도식에서 이러한 개별 속성은 캐릭터가 가진 서사와 맥락을 함축하는 일종의 상징이다.

서브컬처 소비자는 특정 캐릭터 속성에 대한 취향을 군건히 하며 자신을 정체화한다. 서브컬처 시장에서 새로운 상품 곧 캐릭터가 출시되면, 해당 캐릭터는 여러 속성으로 분해되며 각 속성이 취향인 소비자를 중심으로 캐릭터 소비층이 형성된다. 서브컬처 캐릭터 도식은 변화에 보수적이다. 이 시장의 소비자들이 겉으로 드러난 캐릭터 속성을 보고 특정한 기대를 품고서 구매를 결정하기 때문이다. 따라서 캐릭터 소비층의 기대에 크게 어긋나는 변주는 반감을 사기 쉽다. 예를 들어 어떤 오타쿠는 '안경 속성'을 좋아한다. '안경 오타쿠'는 가령 다양한 캐릭터를 수집하고 키우는 게임을 한다면 안경을 쓴 캐릭터를 모으려고 애쓸 것이다. 그런데 막대한 시간과 비용을 들여 끝까지 진화시킨 안경 캐릭터의 일러스트가 안경을 벗은 모습으로 나타났다고 하자. 안경 오타쿠는 자신이 키워 온 기대만큼 크게 분노할 것이다. 페미사냥에 참여한 소비자들도 비슷했다. 이들은 '내 캐릭터'에게 원하지도 않은 '페미 속성'이 함부로 달려온 것에 분노했다.

'미소녀'가 거래되는 시장

서브컬처의 캐릭터 속성은 대체로 섹슈얼리티와
밀접한 관련이 있다. 이러한 상품은 목표 소비층
의 성애 대상으로 구성되어 열정적인 소비를 유도
한다.

남성향 서브컬처 장르에서 인기 있는 캐릭터
도식은 성애적 관계에 있어 대부분 전통적인 성별
고정관념을 따른다. 각양각색의 속성을 분류하는
기준은 성적 취향 및 도착(fetish) 요소의 분류 기
준과 거의 일치한다. 예를 들자면 '거유'(큰 가슴)와
'빈유'(작은 가슴) 같은 특성이 주요한 기준이 되는
식이다. 즉 서브컬처 시장의 캐릭터 상품은 소비자
의 취향에 부응한 성적 속성이 강조된 형상으로 만
들어진다. 이런 맥락에서 서브컬처 시장은 '남성향
(男性向)'과 '여성향(女性向)'의 이분법 아래 상품이
생산되고 마케팅되는 매우 성별화된 시장이다. 시
장이 성별에 따라 분화되는 경향은 어디에서나 나
타나지만, 이 시장은 '남성 대상'과 '여성 대상'의
표시를 명시적으로 쓴다는 점에서 젠더에 따른 구
별이 특히 두드러진다.

남성향이라는 범주는 경험적으로 형성된 것으

로 그 기준이 엄밀하지 않다.[6] 그러나 현재의 서브컬처 문화에서 남성향 콘텐츠를 판단하는 핵심은 성애 대상으로 소비할 만한 여성 캐릭터, 볼거리로서의 여성이 존재하느냐에 있다. 남성적 시선으로 그린 여성 이미지가 두드러지는 콘텐츠나 주인공과 성애적 관계를 맺는 여성, 일명 '히로인' 캐릭터가 등장해 소비자가 주인공에 이입하여 그와의 관계를 즐길 수 있게 하는 콘텐츠 등이 이에 해당한다.

'미소녀물'은 대표적인 남성향 장르다. 서브컬처 문화의 특정한 양식에 따라 구성된 여성 이미지, 곧 미소녀가 다수 등장하는 콘텐츠는 그 자체로 하나의 장르다. 「블루 아카이브」가 바로 이 장르에 속한다. 「블루 아카이브」는 별개의 학교에 속한 미소녀 캐릭터들이 게임 속 '학원도시'라는 세계관에서 발생한 사건을 해결한다는 설정하에 제각기 다른 성적 속성을 가진 캐릭터를 내보인다. 이러한 콘텐츠의 남성 소비자 집단은 구매한 상품이 자신과 같

---

6   남성향이라는 용어는 다음 범위를 느슨하게 포함한다. (1) '소년만화'와 '청년만화'와 같이 장르 이름에 남성적 범주가 붙은 장르 (2) 액션, 에로 등 남성적 취향으로 여겨져 온 장르 (3) 밀리터리(군사), 철도 등 남성성이 강하다고 여겨지는 사회문화 영역을 다루는 장르 (4) (특히 여성 재현에서) 남성 취향이라고 여겨지는 특정한 만화 표현 양식이나 서사 등.

은 이성애자 남성의 성적 만족을 지향하며, 시장이 캐릭터 소비층의 취향과 요구에 따라 운영되리라는 믿음을 공유하고 있었다. 이러한 상황에서 튀어나온 페미 논란은 남성 소비자의 독점적인 영역이 침범당하는 심각한 사건이었다.

남성향 서브컬처 콘텐츠는 소비자를 위한 성적 볼거리로 여성 캐릭터의 다양한 이미지와 캐릭터와의 감정적·성애적 상호작용 경험을 제공한다. 곧 다수의 남성 오타쿠가 자신의 취향을 특정한 캐릭터 속성으로 정체화하고 그러한 상품을 소비하는 행위는 이들의 성적 수행과 연관된다. 이러한 맥락에서 대중문화의 재현에 관해 여성혐오적 표현을 개선하려는 대중화된 페미니즘 운동은 남성 오타쿠에게 심각한 위협으로 여겨질 수밖에 없었다. 자신이 구매하는 핵심 상품의 속성이 변하는 일은 그의 성적 수행에 대한 직접적인 개입과 공격으로 받아들여질 만했기 때문이다.

"메갈 묻은 여자에겐 안 선다니까?"

페미사냥의 주동자들이 사건을 명명하는 방식을 보면 그들이 페미사냥을 어떻게 의미화했는지를 알 수 있다. 언론 등에서 주로 '넥슨 성우 교체 논란', '넥슨 티셔츠 사건' 등으로 칭한 사건을 남초 서브컬처 커뮤니티에서는 '클로저스 티나 성우 논란' 또는 '티나 사태'로 부르는 경우가 많았다. 사회적으로는 대기업인 넥슨이 티셔츠 인증을 이유로 A 성우와의 계약을 해지했다는 노동의 측면이 주목되었던 반면, 성우 교체를 주장한 소비자들은 자신이 사랑하는 세계관 속 캐릭터 티나와 관련된 논란에 집중한 것이다. 이들에게는 성우가 시민이자 노동자라는 점보다 해당 성우가 자신이 구입한 캐릭터의 구성 요소인 목소리를 담당했다는 점이 더 중요했다.

그런데 '클로저스 티나 성우 논란'은 서브컬처 시장에서 벌어진 다른 창작자 관련 사건보다 훨씬 큰 반발을 일으켰다. 티나와 관련된 '메갈' 문제가 젠더 및 섹슈얼리티와 연관되었기 때문이다. 남초 커뮤니티에서 활동하는 오타쿠에게 메갈의 여성성이란 뚱뚱하고 못생겼으며 남성을 혐오하는 비정상적인 것이었다. 메갈은 성애적 관계를 맺기에 결함이 있는 여성, 사귀거나 섹스할 수 없는 여성이다. 미소녀 캐릭터에 메갈 이미지가 부여되는 것은 상품의 핵심 가치가 손상되는 일과 다름없었다.

나는 2018년 게임 「소녀전선」에서 일러스트레이터의 메갈 논란이 일어난 당시 일러스트레이터 교체를 요구하는 한 트위터 이용자가 남긴 말을 기억한다. "모르겠고 메갈 묻은 K7[7]한테는 ××가 안 선다니까?" 아쉽게도 해당 트윗은 삭제된 모양이다. 페미 속성이 붙은 캐릭터 K7은 더 이상 내 성적 대상일 수 없다. 사건의 본질을 자백하는 말이었다고 생각한다.

손상된 여성 캐릭터를 소비하는 남성은 남성 집단에서 평판과 지위가 떨어질 수 있었다. 넥슨 성우 교체 논란 당시 널리 퍼진 한 짤방은 상대를 경멸하는 표정을 한 티나가 여섯 글자로 된 문장을 내뱉고 있다.[8] "한남충 재기해." 김치녀, 맘충 등 여성혐오 표현을 뒤집은 메갈리아의 은어인 '한남충'이라는 대사를 A 성우가 담당한 캐릭터의 말로 합성한 것이다. 이러한 짤방이 제작 및 확산된 것은 남초 커뮤니티에서 페미니스트로 지목된 창작자의 캐릭터에 페미 속성을 부여하는 일이 유머

7 당시 페미니스트로 지목된 일러스트레이터가 담당한 캐릭터 이름이다.
8 지금의 '짤방'은 주로 온라인상에서 글쓴이의 감정이나 글의 서사, 주장 등을 함축적으로 드러내는 기능을 한다.

로 통용되었다는 증거다. 커뮤니티 이용자들은 페미 캐릭터에 돈을 쓰는 사람은 남성을 경멸하는 여성에게 돈을 갖다 바치는 남자라며 조롱했다. 페미 캐릭터를 소비하는 사람을 폄하하고 조롱하는 남성 집단 내 압력은, 비웃음당한 소비자가 캐릭터의 페미 딱지를 떼기 위해 적극적으로 사냥에 뛰어들게 만드는 동력이 되었다.

아래 게시글은 자신이 구입한 캐릭터에 페미 속성이 부여되는 것이 남초 커뮤니티의 오타쿠에게 어떤 의미인지를 드러낸다.

티나 하나 보고 〔클로저스〕복귀했는데, 스타터팩에 위광 암광악세에 렘취코어모듈 다 12강 해서 포장하고 〔다키마쿠라〕(캐릭터 전신이 그려진 쿠션 굿즈) 응모 300개도 넘겼는데 열 받다 못해 이젠 진짜 강 허탈함. 성우랑 캐릭터랑 별개인 거 알고 있는데, 어차피 오늘 이후 티나 하면 인간들이 떠올리는 건 메갈일 거잖냐. (……) 진심 프로라면 좀 더 프로답게 행동했으면 좋겠다.[9]

9 고로탄, 「어차피 오늘 이후 티나하면 인간들이 떠올리는건 메갈일거잖냐」, 디시인사이드 클로저스 갤러리, 2016년 7월 18일.

작성자는 티나와 관련한 소비를 과시하며 자신의 '자격'을 호소한다. 그러면서 "오늘 이후 티나 하면 인간들이 떠올리는 건 메갈"일 점을 우려한다. 티나가 오직 메갈로만 회자되고, 티나를 애호하고 성애적 대상으로 삼는 일 역시 조롱감이 될 미래를 내다본 것이다. 예상하지 못한 이런 상황은 티나에 대한 비용 투여로 티나의 소비자임을 증명한 자신을 배반한 일이다. 이때 상품 가치를 손상시킨 원인과 책임 주체는 "프로답게 행동"하지 않은 창작자가 된다. 이것이 남성향 서브컬처 소비자가 페미니스트 창작자를 공격하고 나선 이유다.

페미에 점령당한 두려운 미래

남성향 서브컬처 소비자 집단에 페미가, 아니 거기까지 갈 필요도 없이 여성이 들어온다는 것은 자신들에게 가장 중요한 소비 대상을 빼앗기리라는 두려움을 불러일으켰다.

내게 조건 없는 사랑을 주고 복종하는 미소녀, 게임 화면을 움직일 때마다 은근슬쩍 보이는 미소녀의 속옷 또는 특정 신체 부위가 출렁이는 연출, 여름마다 출시되는 미소녀의 비키니 의상 같은 것들을 볼 권리가 사라지리라는 공포. 여성들은 이런 '남자의 즐거움'을 침해하는 존재였다. 남자만의 공간에서 여성을 성적으로 소비하며 '남자들끼리' 함께 킬킬대는 일은 이 즐거움의 중요한 요소였다. 여기에 여성이 끼면 은밀하게 단합하는 쾌감이 사라지며, 여성에게 또는 여성의 폭로로 인해 비난당할 위험이 생긴다. 여성에게 잘 보이기 위해 남성을 배반하는 남성이 생길 것이라는 우려도 있었다.

페미를 남성의 성적 권리를 빼앗는 존재로 상정한 이 같은 인식은 또 다른 왜곡된 논리를 낳았다. 캐릭터 상품이 성적 대상으로서 전형화된 도식을 따르지 않거나 남성 소비자인 자신이 '꼴리지' 않으면 이는 페미가 개입했기 때문이라는 주장이 나타나기 시작했다. 그런 왜곡된 인식과 행동이 단적으로 드러난 사례가 바로 2023년 발생한 「림버스컴퍼니」 사건이다. 일부 「림버스컴퍼니」 이용자들은 새로 공개된 여성 캐릭터 일러스트에 대해 수영복 의상의 노출이 적다며 남성 소비자를 무시하고 있다고 항의했다. 몸 선을 그대로 드러내는 전신 수영복을 입은, 충분히 성적 매력을 강조한 이미지였음에도 말이다.

이들은 캐릭터의 노출이 적게 그려진 이유가

여성 개발진 내에 페미가 있기 때문이라고 주장했다. 하지만 실제 해당 일러스트의 작가는 남성이었다. 그러자 이용자들은 이 이미지와 무관한 여성 작가의 소셜미디어 계정을 파헤쳐 페미 혐의를 씌웠고 퇴출을 요구했다. 그가 공격받은 이유는 오로지 여성이기 때문이었다. 여성 이미지는 남성을 위해 준비된 것이며 남성은 그에 대한 권리까지 갖고 있다는 그릇된 믿음. 이 믿음이 흔들리자 그들은 아무 여성에게나 페미 딱지를 붙여 처벌하고 자신의 불안을 달랬다.

페미가 서브컬처 문화에 침입하여 여성을 성적으로 소비하며 즐길 권리를 남성에게서 빼앗는다는 두려움은 이들의 허상일까? 일부는 맞고, 일부는 틀렸다.

우선 그들이 말하는 페미들이 서브컬처 문화의 성차별적이고 여성혐오적인 측면들을 망가뜨려 온 것은 맞고, 계속 망가뜨릴 것이다. 그런데 이들이 침입했다는 생각은 틀렸다. 여성 그리고 페미니스트 소비자는 원래부터 서브컬처 문화 안에 살고 있었기 때문이다. 여성을 아무것도 모르는 사람, '알못'이나 오타쿠계의 중심에 낄 수 없는 외부자로 상정하는 편협한 믿음과 달리 여성 오타쿠의 실천은 다층적이다. 그들 중 누군가는 미소녀 캐릭터를 사랑하고, 그와 연애를 꿈꾸고, 그가 비키니 입은 모습을 즐길 것이다. 그러면서 자기 실천의 의미와 효과를 고민하고 대안을 모색하기도 하리라.

서브컬처 문화 안에서 오타쿠 당사자가 자신들의 의제를 가지고 실천하는 페미니즘 운동은 계속되어 왔다. 2016년 '#○○계_성폭력' 해시태그를 통한 성폭력 고발 운동이 있었다. 그 출발점은 바로 '#오타쿠계_성폭력' 해시태그였다. 여성 오타쿠 집단은 2016년 이래 꾸준히 페미사냥에 저항해 온 페미니스트 소비자운동의 주요한 축이기도 했다.

「림버스컴퍼니」 사건은 이런 측면에서 의미 있게 다룰 만하다. 이제껏 페미사냥이 발생한 게임의 주 소비층은 남성이었다. 그런데 「림버스컴퍼니」는 소비자의 성비가 거의 비슷했고, 여성 오타쿠층이 두터웠던 게임이다. 물론 이 사건을 그런 시장에서조차 페미에 대한 배제가 이루어질 만큼 페미사냥이 심화한 결과로 볼 수도 있지만, 나는 이 일을 계기로 많은 여성 오타쿠 이용자가 페미사냥을 달리 느끼게 된 점에 주목하고 싶다. 내가 열렬히 사랑하던 대상을 더는 사랑할 수 없게 된 이들은 무차별적인 사냥을 '내 문제'로 여기게 되었다. 많은 「림버스컴퍼니」 오타쿠가 페미사냥 문제를 주시하고 이를 해결하고자 하는 열성 세력이 되었다. 과한 점이야말로 오타쿠의 미덕이라고 하지 않았는가? 오타쿠의 열정은 페미사냥을 일으킬 때뿐 아니라 이에 맞설 때도 적용된다.

페미사냥이라는 현상의 안팎을 분석하는 첫 단계로 서브컬처 시장 그리고 페미사냥을 주동한 남성 오타쿠 집단의 특성을 살펴봤다. 그러나 이상의 분석을 '남성 오타쿠 됨' 자체를 더욱 문제 삼기 위한 것으로 오해해서는 안 된다. 나는 서브컬처 문화의 특성들이 페미사냥에 나타나는 고유한 양상을 만든다는 것을 강조하고 싶다. 정확히 알아야만 그에 맞춤한 대책을 찾을 수 있을 테니 말이다.

우리는 무언가를 잘 모를 때, 그것을 대충 싸잡거나 문제의 근원으로 쉽게 탓해 버린다. 하지만 게임과 서브컬처 문화를 때려잡는다고 반페미니즘과 여성혐오가 사라지지는 않는다. 어째서 2024년의 「블루 아카이브」 이용자는 아동 성 착취를 표현한 상품의 판매를 페미의 공격으로 보는 것일까? 서브컬처 문화에서 주로 촉발되지만 사회와 공명해 더욱 잔혹해진 페미사냥을 제대로 이해하려면 거시적인 관점과 미시적인 관점 모두를 갖추어야 한다. 여성혐오가 특정한 남성 집단만의 특징인 것처럼 여기도록 하는 모든 담론이야말로 내가 맞서고자 하는 대상이다.

3장

여자 일베 만들기

2024년 5월 한 유명 반려견 훈련사가 자사 직원들에게 저지른 폭언과 감시 등 직장 내 괴롭힘이 공론화되었다. 해명 방송에 나선 훈련사는 직원의 메신저를 감시한 일에 대해 그 직원이 메신저로 '한남'이라는 표현을 쓰는 것을 보았기 때문이라고 주장했다. 그러자 그 주장이 사실이라면 직원들은 '남성혐오'를 하는 페미일 테니 공론화 내용을 신뢰할 수 없다는 여론이 일었다.

비슷한 시기에 육군 훈련병이 가혹한 얼차려로 사망하는 사건도 있었다. 남초 커뮤니티 '에펨코리아'에는 해당 훈련병의 상관이 여성이라며, 그 여성이 여초 커뮤니티 이용자인지 색출해서 만약 그러하다면 '남성혐오'로 인한 살인으로 처벌해야 한다는 글이 올라왔다. 동시에 특정 기수 여군에 페미가 침투해 있다는 음모론이 온라인에 돌았다. 음모론은 주요 언론에서 다룰 정도로 확산되었다.[1]

이번 장은 페미사냥의 표적인 페미의 상이 온라인 공간에서 구성된 과정을 다룬다. 두 사건을 연이어 접하며 나는 대중들이 페미니스트를 '온라인 커뮤니티에 있는 존재'로 여기고 있음을 재확인했다. 특정한 커뮤니티 은어를 쓰고, 커뮤니티에서 사상을 공유하며 작당하고, 오프라인에서의 삶을 온라인에 인증·전시하는 존재. 이는 남성 극우주의 집단을 '일베'(일간베스트 이용자)로 사고하는 방식과 닮았다. 그러나 극명한 차이점이 있다. 일베의 상은 일베라고 확정할 수 없는 모든 남성을 용서하는 데에 이용된다면, 페미의 상은 온라인에 방문하고 영향받는 모든 여성을 처벌하는 데에 이용된다는 점이다.

1   조건희, 「훈련병이 죽었는데 중대장이 여성인 게 본질인가」, 《동아일보》, 2024년 6월 3일; 「"훈련병 사망, 남성혐오 결과" 신상공개 요구, 살인죄 고발」, 《뉴컷뉴스》, 2024년 6월 4일.

메갈이라는 돌연한 혼종

페미사냥의 표적이 원래부터 '페미'는 아니었다. 2016년 마녀사냥이 처음 시작되었을 때 마녀의 이름은 '메갈'이었다. 이 이름에는 '여자 일베', '범죄 집단', '남혐'과 같은 수식이 덕지덕지 붙었다. 몇 년에 걸쳐 이 이름이 가리키는 대상이 넓어지고, 페미니스트의 준말인 페미와 혼용되기 시작했다.

대다수 사람이 메갈과 페미니즘이 동일시되고 있다는 사실을 자연스럽게 여기고 문제시하지 않는 것 같다. 학위 논문을 쓸 당시의 나 또한 그랬다. 남성 기득권을 위협하는 여성을 메갈이라고 공격하는 행위를 '페미니즘 색출'이라는 용어로 가리킨 나의 초고를 보고 지도교수는 날카롭게 지적했다. "여기서 남성 소비자들이 문제 삼는 건 메갈 아니니? 그러면 이 단계에선 페미니즘이라고 쓰면 안 되지." 메갈을 공격하는 행위가 어떻게 반페미니즘적 효과를 내는지 논의해야 했음에도, 무의식 중에 메갈과 페미니즘을 동의어로 보는 오류를 저지른 것이다. 이야기가 그렇게 시작된다면 메갈이라고 불린 존재들의 고유성이 지워질 뿐 아니라 남성 권력이 메갈을 문제적 여성상으로 만들어 그들의 페미니즘적 실천을 깎아내린 과정을 차근히 드러내기 어렵게 된다.

메갈은 페미니즘이 아니라는 식의 구분 짓기를 하려는 것이 아니다. 그보다 메갈이라는 표상을 만든 원본들, '메갈리안'을 비롯한 2015년 이후 온라인 페미니즘 운동의 주체가 과연 누구이고 어떻게 가시화되었는지를 보이려 한다. 페미사냥은 이들의 등장에 대한 반응으로 나타났기에, 페미니즘 역사에서의 이들 위치를 정확히 되짚어야 반페미니즘 현상으로 페미사냥을 이해할 수 있다.

이제는 오랜 일이 된 메갈리안의 등장에서 시작해 보자. 남성 이용자가 주류인 온라인 공간에 가해진 그 강력한 충격으로부터.

메갈리안이라는 이름은 2015년 5월 '메르스 갤러리 사태'에서 탄생했다. 중동 지역에서 시작된 메르스 유행이 한국까지 번졌을 때, 해외에 다녀와 놓고 검진을 거부한 한 여성이 메르스 한국 확산의 주범이라는 뉴스가 퍼졌다. '해외여행이나 다니는 이기적인 무개념녀가 국가적인 민폐를 끼쳤다!' 당시 온라인의 김치녀 담론[2]에 딱 부합하는 서사였

---

2   2010년대부터 유행한 여성혐오 표현. 온라인 여성혐오 담론이

다. 디시인사이드(이하 디시)에 개설된 메르스 갤러리(메갤)[3]에는 이를 비난하는 여성혐오 발화가 들끓었다. 그러나 곧 해당 뉴스가 낭설임이 드러났다. 분노한 여성들은 메갤에서 여성혐오 발화의 대상을 그대로 남성으로 바꾼 미러링[4] 텍스트를 쏟아냈다.

메갤을 장악한 여성들은 성별 구조가 역전된 세계를 그린 페미니즘 소설 『이갈리아의 딸들』과 '메갤'을 합친 용어인 메갈리안으로 스스로를 부르기 시작했다. 디시 운영자는 이들의 글을 삭제하고 미러링 용어를 금칙어로 지정했다. 메갈리안들은 제재를 피해 각종 커뮤니티와 소셜미디어 공간으로 이주하다가 그해 8월 '메갈리아'라는 독립된 웹사이트를 개설했다.

온라인에 만연한 여성혐오에 질릴 대로 질려 있던 여성들은 메갈리안의 등장에 열광했다. 여초 커뮤니티와 소셜미디어에서 활동하던 이들은 익히

그리는 부정적 여성상의 총체로, 한국 여성 전반을 비하하는 멸칭이다.

3   디시인사이드에서는 주제별 하위 게시판을 '갤러리'라 부른다.

4   거울에 비춘다는 뜻으로, 여성혐오 텍스트의 성별을 뒤바꾸어 낯설게 보고 역지사지하게 하는 전략을 이른다.

갖고 있던 온라인 하위문화의 감수성과 행동 양식을 바탕으로 메갈리안의 실천을 받아들이고 확산했다.[5] 미러링을 통해 일상 속 여성혐오를 인지하고 페미니스트로 정체화하는 이가 폭발적으로 늘었고, 정체화를 마친 사람들은 메갈리안의 언어와 전략을 습득했다. 메갈리안의 문제의식과 실천에 공감하는 여성들은 메갤 이용자나 메갈리아 회원이 아니더라도 자신을 메갈로 칭하며 연대했다.

사실 이러한 서술은 당시의 기사와 메갈리안에 관한 페미니스트의 글들[6]을 참고해 복기한 것이다. 내게 메갈리안의 등장은 명확히 기억되는 사건이라기보다 스스로가 그 일부인 줄도 모르고 휩쓸린 거대한 흐름이었다. 당시 나는 비교적 일찍 페미니스트로 정체화한 채 대학에서 페미니즘을 공부했고, 페미니즘 대중화의 맹아라 할 만한 움직

---

5 한우리, 「이생망 헬조선 여성청년들의 페미니스트 되기」, 《여/성이론》, 제37권(2017).

6 이와 관련해서는 다음의 책과 논문을 참조. 손희정, 『페미니즘 리부트』(나무연필, 2017); 정희진 엮음, 『양성평등에 반대한다』(교양인, 2016); 김은주, 「여성혐오(mysogyny) 이후의 여성주의(feminism)의 주체와 전략」, 《한국여성철학》 제26권(2016); 류진희, 「그들이 유일하게 이해하는 말, 메갈리아 미러링」, 『양성평등에 반대한다』(교양인, 2017); 한우리, 앞의 글.

임이 활발했던 트위터[7]에 상주하고 있었다. 그런 내게 메갤 사태 자체는 꽤 먼 얘기였다.

그런데 어느 순간 트위터 타임라인과 대학 커뮤니티, 뉴스 댓글에 미러링 표현들이 밀려들었다. 나는 "나이 어린 처녀만 원하며 그것이 솔직한 늑대의 심정"이라고 정당화하는 남성의 글을 미러링한 게시글에 피식거리고, '6.9'[8]라는 표현에 울분을 터뜨리는 남성들을 보며 헛웃음을 지었다. 오타쿠 지인이 게임 연출에 대해 "이거 여혐 아니냐?"라고 평하고, 학우들이 주변의 성차별적 남성을 '한남스럽다'고 성토하기 시작했다. 트위터에는 대중문화의 여성혐오와 일상 속 젠더 폭력이 숨 가쁘게 공

---

7   2015년 2월 불거진 '#나는_페미니스트입니다' 해시태그 운동이
     대표적이다. 그해 1월 일명 '김군'이라고 불린 10대 남성이 페미
     니스트가 싫다는 글을 남긴 뒤 무장단체 IS에 가담하려 실종된
     사건이 있었다. 평론가 김태훈은 '김군 사건'에 대한 여성들의
     반응에 남성을 공격하기만 하는 현재의 페미니즘이 남성의 반
     발을 부를 뿐이며, "무뇌아적"이라고 비난했다. 온라인의 여성
     들은 해시태그를 통해 평론가의 사과를 요구했다. 같은 해 4월
     에는 「옹달샘의 꿈꾸는 라디오」에서 나온 여성혐오 발언에 대
     한 거센 비판이 이어졌다.
8   한국 여성의 가슴 크기 평균이 A컵이라며 조롱하는 표현을 미
     러링하여 한국 남성의 평균 성기 크기가 6.9센티미터라고 되받
     아친 것.

론화됐다. 무엇보다, 몇몇 친구 사이에서나 강의실에서만 이루어지던 성차별에 관한 논쟁과 배움이 온라인에서 벌어졌다. 이런 변화를 경험한 나는 비록 스스로 메갈리안이라 칭한 적은 없을지언정 우리를 향해 '메갈 세대'라고 하는 말에[9] 수긍할 수밖에 없다.

말하자면 메갈리안은 익숙한 온라인 여성혐오의 문법으로 페미니즘이라는 낯선 내용을 말하는 혼종으로서 불쑥 나타났다. 이들은 온라인 남성 권력의 제재를 피해 끊임없이 모습을 바꾸며 이동했고, 서로 다른 역사와 정체성을 가진 다양한 온라인 여성 집단을 포섭했다. 다음 움직임을 예측할 수도, 정체를 파악할 수도 없는 메갈리안은 온라인의 남성들이 '메갈'이라는 적대적 상을 형성하는 데 영향을 미쳤다.

---

9   여성주의저널 《일다》는 내가 속한 '페미니스트 연구웹진 Fwd'
     를 소개한 기사에 "'메갈 세대' 페미니스트들이 여성학을 만났
     을 때"라는 제목을 붙였다. 송유진, 「'메갈 세대' 페미니스트들
     이 여성학을 만났을 때」, 《일다》, 2019년 10월 10일.

오직 남성만 존재하던 놀이터

메갈리안은 실제로 남초 커뮤니티인 디시 갤러리 중 하나를 '테라포밍'했다. 이 은어는 어떤 온라인 공간에 목적을 갖고 침투하여 문화나 정치적 성향 등의 해당 공간의 속성을 바꾸어 점유하는 것을 말한다. 이들은 온라인에 축적된 여성혐오 논리와 밈, 은어를 대상만 남성으로 바꾸어 자유자재로 구사했다. 그간 믿어 온 온라인의 성별 규범을 위반하는 불온한 존재에 온라인의 남성들은 충격과 불편함을 느꼈다.

디시를 비롯한 남초 커뮤니티는 여성임을 드러내기를 금기시하는 문화 위에서 모두가 남성으로 표지되는 공간이었다.[10] 또한 폭력성과 조롱, 여성혐오가 주류인 온라인 하위문화는 남성의 전유물로 여겨져 왔으므로 이를 체현하는 이들 역시 남성으로 전제되었다. 남초 커뮤니티의 인식 속 온라인의 여성은 늘 타자였다. 온라인 하위문화에 무지한 대다수 '일반 여성' 또는 남초 커뮤니티에 적대

---

10   이길호, 『우리는 디씨』(이매진, 2012); 윤보라, 「일베와 여성 혐오」, 《진보평론》 제57권(2013).

적 공간인 여초 커뮤니티로만 존재한 것이다. 메갈리안은 남성들이 공유하던 안일한 동질성의 전제를 깼다. 디시를 비롯한 커뮤니티와 인터넷 하위문화가 남성만의 놀이터가 아니었으며, 언제든 타자인 여성이 마치 간첩처럼 내부자를 가장해 섞일 수 있다는 불안이 부상했다. 사실 여성들은 늘 같은 놀이터에 있었음에도 말이다.

게다가 이 불온한 세력은 전에 없이 크게 가시화됐다. 어째서일까? 미디어학자 장민지는 그 원인을 메갈리안의 미러링 발화가 폐쇄적인 여성 집단이 아닌 개방된 온라인 공간에 전시되고 확산되었기 때문이라고 분석한다. 온라인의 개방성은 더 많은 여성이 이러한 행위를 공개적으로 지지하고 연대하게끔 했다.[11] 자신의 놀이터에 남성 권력을 비판하고 조롱하는 발화가 불쑥불쑥 등장하고, 퍼 날라지고, 이에 동조하는 반응이 무수히 달리는 상황은 남성들에게 위협으로 인식되기에 충분했을 것이다.

남초 커뮤니티의 일원은 이 위협을 소수 메갈리아 회원, 통칭 '메갈'에 국한된 것으로 축소하

11 장민지, 「디지털 네이티브 여/성주체(Digital Native Fe/male Subject)의 운동 전략」,《미디어, 젠더 & 문화》제31권 제3호 (2016).

려 했다. 이들은 메갈을 메갤 사태를 일으킨 디시의 여초 갤러리 이용자에 여초 커뮤니티 '여성시대' 회원이 가세한 집단으로 여겼다. 그리고 그런 익명 커뮤니티의 여성들은 사회에 속하지 못하고 하릴없이 온라인에 글만 쓰기 때문에 세력이 커 보일 뿐이라고 주장했다.

> 디시 일베 비교하는 머저리들이 있는데 디시나 일베는 애초에 유저 수가 십만 단위에서 놀고 사이트 규모로 볼때 일반화가 절대로 불가능한 사이트임. 특정 목적을 위해서 모인 것도 아니고 디시는 주제별로 커뮤니티 일베는 디시 〔글〕 받아먹던 유머 지향 사이트니까
> 그런데 메갈은 문제가 됨 왜냐면 메갈은 만들어진 의미 자체가 일베를 1인으로 인격화해서 여성혐오가 일베의 전부인양 규정하고 그에 대한 미러링 사이트로 만들었음 근데 그게 건전한 분위기가 아니라 남성혐오, 아동 성희롱, 고인 비하 심지어 위안부 비하까지 서슴지 않고 이에 대해서 그 누구도 이견을 달 수 없는 구조임..[12]

---

12   ㅇㅇ(익명), 「메갈 하는 여자들은 인생 끝나게 만드는 게 맞는

2016년에 쓰인 이 글에서 메갈에 대한 한 남초 커뮤니티 이용자의 인식을 확인할 수 있다. 작성자는 같은 글에서 이런 메갈의 배후에 사실 여초 커뮤니티가 있다고 주장하며, 뉴스 기사의 댓글 '테러'가 전부 문제적인 여초 커뮤니티가 벌인 일이라고 썼다. 더 나아가 이러한 커뮤니티의 여성 이용자를 거친 용어로 비하하며 남성들이 일상에서 마주치는 '일반 여성', 즉 잠재적 성애 대상 집단과 철저히 구분되는 존재로 치부했다.[13] 여성들이 여성혐오와 성차별에 대해 대대적으로 저항하기 시작했다는 현실을 부정하는 과정에서 이제 문제의 근원은 메갈리아 회원이라는 집단에 한정되었다.

2015년 이후에 번진 페미니즘 대중화를 적극적으로 거부하는 정서는 남초 커뮤니티 내에서 '극소수의 메갈이 온라인 곳곳에서 대중을 선동하고 여론을 왜곡한다'는 음모론으로 구체화되었다. 음모론을 통해 구성된 메갈의 상은 일부 온라인 커뮤니티에서 침투해 오는 게릴라 적군의 모습이었다.

이유.jpg」, 디시인사이드 웹툰 갤러리, 2016년 7월 19일.

13   김수아·이예슬, 「온라인 커뮤니티와 남성-약자 서사 구축」, 《한국여성학》 제33권 제3호(2017).

이러한 메갈을 색출하고 쫓아내면 그들에게 익숙한 젠더 질서대로 온라인 공간을 되돌릴 수 있다는 믿음이 바탕에 깔려 있었다.

유머의 세계를 흔드는
여성 게릴라군

무엇보다 메갈리안은 남성들의 재미를 위협했다. 한국의 온라인 하위문화에서 가장 중요한 자원이자 가치로, 남초 커뮤니티를 구동하는 핵심축은 유머다.[14] 커뮤니티의 활력은 양질의 '유잼' 게시글이 얼마나 자주 리젠[15]되는지에 달렸다. 이런 온라인 하위문화의 재미는 상당 부분 여성혐오에 근거했고, 성적 대상화된 여성 이미지와 포르노의 공유는 커뮤니티를 활성화하는 중요한 수단이었다.[16]

온라인 공간에서 여성은 '남자끼리의 재미'를 가로막거나 문제시해 '유잼'의 확산을 막고, 이로써

---

14   김수아, 「지식의 편향 구조와 혐오: 국내 위키 서비스 '여성혐오' 논란을 중심으로」, 《미디어, 젠더 & 문화》 제35권 제1호(2020).

15   regeneration의 준말로, 새로운 게시글이 올라온다는 뜻의 인터넷 용어다. 자연 회복을 가리키는 게임용어에서 비롯됐다.

16   이길호, 『우리는 디씨』(이매진, 2012) 참조.

커뮤니티의 평판을 깎는 존재로 상정됐다. 이와 동시에 여성들은 뒤로는 남성들이 만든 유머나 지식 정보와 같은 자원을 체리피킹 하는 존재로 간주됐다. 남초 커뮤니티 이용자들은 남성중심적 커뮤니티 문화와 정체성을 재생산하고자 여성을 적대적 타자로 설정하고 여성 다수의 공간이 되는 일, 일명 커뮤니티의 '여초화'를 경계하는 담론을 생산했다. 이들은 여초 커뮤니티에서 생산된 게시글이나 여초 커뮤니티 출신으로 보이는 이용자가 유입되는지를 늘 감시했다. 이러한 글이나 이용자에게는 여초 '분탕'이라는 낙인이 찍혔다.

　메갈리안의 등장은 막연히 상상만 하던 여성의 개입이 실체화된 사건이었다. 게다가 실제로 나타난 여성의 모습은 예상과 달랐다. 남성들의 위악적인 조롱과 성적 유머에 당황하거나 진지하게 화내는 수줍은 여자들이 아니라, 그런 재미를 자기들끼리 만들어 내며 낄낄대는 여자들. 유머 자원을 독점하고 있다는 우월감을 철저히 무너뜨리며, 남성인 자신을 오히려 소외시키고 굴욕감을 주는 여자들을 남성들은 새롭게 목격했다. 메갈리안이 등장한 후 모든 남초 커뮤니티는 메갈을 공동의 적으로 규정했다. 여초 커뮤니티 이용자에 대한 반감과 색출 행위 역시 한층 강화됐다. 메갈로 인한 불안과 커뮤니티 여초화에 대한 경계심이 뒤섞이면서 여성시대, 쭉빵카페 등의 대형 여초 커뮤니티와 '메갈'이 주 이용자인 메갈리아, 워마드가 '여쭉메윔', '여시메갈'이라는 이름으로 한데 묶였다. 문제 여성들의 소굴로 범주화된 공간을 적대하는 용어나 담론의 수위는 더욱 거세졌다.

여성혐오에 대한 혐오를 표방하는 메갈리안의 미러링은 일상과 대중문화의 여성혐오에 문제 제기하는 실천이었다. 이들은 단순히 남성들의 재미를 위협하기 위해서가 아니라 포르노 잡지, 힙합, 코미디 프로그램, 여성 아이돌과 같은 남성 중심 대중문화 영역에 만연하던 여성혐오 문제를 개선하고자 이를 적극적으로 발견하고 공론화했다.[17] 자신의 놀이터에서 돌연 재미를 빼앗기고, 자기 취향이 적극 반영된 상품이 검열 대상이 된 데다 손상당했다는 인식은 남성들의 분노를 샀다.

코미디언 장동민의 여혐 발언을 문제시한 여성들이 장동민의 방송 하차 운동을 조직하고, 「무

17 이 당시 공론화된 대중문화의 여성혐오 이슈는 아이즈 편집부,
『2016 여성혐오 엔터테인먼트』(북투데이, 2016)에 상세히 열거되어 있다.

한도전」을 비롯한 여러 지상파 방송에서 하차하게한 사건은 특히 큰 파장을 일으켰다. 장동민은 남초 커뮤니티의 이용자 사이에서 큰 인기를 끈 존재였다. 남성중심적 온라인 하위문화의 정서를 재현하는 거리낌 없고 폭력적인 유머와 여성 소비자취향에 반하는 캐릭터는 많은 남성의 욕망과 취향에 최적이었다. 남초 커뮤니티 남성들이 보기에 너도나도 여자 눈치만 보고 여자만 위하는 세상에서, 여성에게 폭력을 행사하는 것도 서슴지 않는 장동민은 배신할 일 없는 '우리 편'이었다.

그가 하차한 프로그램이 「무한도전」인 점도 중요했다. 「무한도전」은 초기 '루저' 남성성을 재현하며 젊은 남성에게 인기를 끌었다. 막대한 양의 온라인 유머와 밈의 원천이 되며 남초 커뮤니티 문화와 깊게 연관되었다. 그러나 「무한도전」이 대중적인 인기를 끈 후로는 새로운 긴장이 생겼다. 누가 정통성 있는 시청자인가, 프로그램 방향성이 누구를 따르는가를 두고 말이다. 이때 메갈은 여성혐오를 문제 삼으며 「무한도전」에 개입했고, 제작진은 이들의 개입을 수용했다. 이는 남초 커뮤니티 이용자들이 '메갈'을 대중문화에서 남성의 주도권을 위협하는 이로 감지하게 된 중요한 계기였다.

대 메갈리아 정보 수집 중... 2월 초~7/19 여기 있는 자료만으로도 메갈 비판할 수 있는 글이 수백 수천 개 나올 겁니다[18]

이윽고 다시 무한도전 갤러리에 "메갈 비판할 수 있는 글"을 찾는 익명의 이용자가 등장했다. 해당 갤러리는 「무한도전」 시청자들이 무한도전에 대해 떠들고, 웃긴 장면을 공유하고 재창작하며 놀던 커뮤니티다. 그러나 무한도전 갤러리에는 점차 메갈에 대한 분노를 성토하고 메갈을 공격하는 담론을 만드는 게시글이 늘어갔다. 여성이 재미를 다 빼앗아 간다는 비합리적 조바심은 재미의 본체마저 버리고 앙갚음에 골몰하게 했다.

남초 커뮤니티 이용자에게 메갈의 등장은 온라인 공간과 유머 자원을 둘러싼 성별 전쟁의 시작이었다. 그들의 놀이터에서 얻는 고유한 재미를 온전히 지키려면 메갈 여성이라는 적을 확실히 제압해야 했다. 그래서 온라인의 남성들은 그들에게 익숙한 커뮤니티 전쟁의 문법, 즉 자신들과 다른 분

---

18   ○○(익명), 「[기록보관소] 무도갤에서 왔습니다」, 디시인사이드 웹툰 갤러리, 2016년 7월 19일.

탕 종자의 말투와 행동 양식을 색출해 내고 집단으로 괴롭힘을 가해 쫓아내는 방식으로 메갈에 맞설 전략을 모의했다. 이것이 페미사냥의 틀 가운데 하나를 이루었다.

페미는 어떻게
여자 일베가 되었나

메갈을 공동의 적으로 규정해 온라인 공간에서 색출하고 배제하려면 나름의 근거가 필요했다. 이때 동원된 것이 '메갈은 일베와 다름없다'는 담론이다.

온라인 커뮤니티 일간베스트는 2012년 대선 국면을 전후로 온라인 밖에서 가시화됐다. 민주주의와 진보적 가치를 부정하는 커뮤니티의 인식 구조와 그에 따른 반사회적 행위는 우리 사회에 큰 충격을 주었다. 이후 '일베'는 극우 성향의 반사회적 주체를 가리키는 대명사가 되었다.

일베를 사회에서 축출해야 한다는 공감대가 형성되면서 누군가가 일베의 이용자인지가 일종의 시민 자격 기준으로 작용하기 시작했다. 누군가를 정치사회적으로 비판하고자 할 때 그가 일베 은어를 사용했는지, 일베에서 활동한 이력이 있는지 조사하는 일이 일반화되었다. 이는 사회적 관심과 역량이 반민주적이거나 혐오적인 표현 자체를 비판하는 데 쓰이기보다 이러한 표현을 쓴 사람이 일베인지 아닌지를 판별하는 데에 쏠리는 결과를 가져왔다. 어떤 대상의 '일베성'을 주장하기만 하면 그를 사회에서 배제하는 일도 정당화될 수 있었다.

입에 담기 어려운 여성혐오 표현이 난무하고 극단적일 만큼 여성을 배제하는 것은 일베가 주목받은 또 다른 특성이었다.[19] 일베가 주목받으며 온라인의 여성혐오 문제가 대중적으로 인지된 것은 당연했다. 그러나 이러한 대표성은 마치 일베가 여성혐오의 원인이며, 여성혐오는 일베의 전유물이라는 착각을 불러왔다. 일베 이용자들의 극단적인 여성 배제는 일베를 남성성으로 표지했다. 온라인상 익명이 아닌 스스로 일베 이용자임을 밝히며 등장한 이들도 젊은 남성이 대다수였다. 어느새 대중의 머릿속에서 일베의 상은 '여자를 미워하는 온라인의 비주류 남자들'로 정착됐다.

---

19 여성학자 윤보라는 여성혐오를 통한 남성동성사회성(homo-social)이 일간베스트를 구동하고 재생산하는 근간임을 지적했다. 이에 따르면 사실 '일베 현상'은 여성혐오의 원인이라기보다 결과다. 윤보라, 앞의 글.

젠더를 둘러싼 논쟁에서 일베는 여성혐오가 실재한다는 것을 증명하고, 현재 우리 사회의 남성성을 비판하는 근거로 쓰였다. 이 경우 자주 등장하는 반론은 이것이다. '반사회적 남성이 있듯이 반사회적 여성도 있다. 따라서 이는 젠더 불평등의 문제가 아니다.' 이는 여성과 남성이 서로 대칭적인 존재라는 양성평등론에 근거를 두며,[20] 젠더 관계를 정치적인 권력 구조의 문제로 보지 않고, 남성과 여성을 성별만 다른 대등한 개인들의 집합으로 보는 신자유주의 논리에 기반한다.

사회 문제로 떠오른 일베의 성별이 남성으로 표상됨은 남성들에게 달갑지 않은 일이었다. 남초 커뮤니티 이용자들은 남성으로 특징되는 일베의 상에 대항해 문제적인 여성상을 제시하고 이를 지지하는 논리를 세우려 했다. 김치녀라는 이미지, '여초 커뮤니티는 일베나 다름없는 사회악'이라는 주장이 등장했으나 큰 설득력을 갖지는 못했다. 그런데 양성평등론에 근거한 담론 구조에서는 일베와 한 쌍인 '여자 일베'가 가능하다. 일베의 전유물로 여겨진 여성혐오 발화를 그대로 모방하여 반사

---

20   정희진 엮음, 『양성평등에 반대한다』(교양인, 2017), 23~25쪽.

하는 메갈리안이 등장하자, 온라인의 남성들은 기다렸다는 듯 메갈을 이 자리에 위치시켰다.

이러한 등치가 옳을까? 사실은 이렇다. 메갈리안은 남성성을 손쉽게 패러디했지만 남성들은 메갈리안을 이해하지 못했다. 대신 필요에 따라 메갈의 상을 창조해 냈다. 자신들이 잘 아는 존재, 일베의 상에서 성별만 바꿈으로써. 그리고 메갈리아 사이트 게시글이나 메갈로 여겨지는 개인에게서 자신들이 만든 상을 뒷받침하는 증거를 색출하고 짜깁기했다. 즉 '메갈은 일베나 다름없다'는 주장은 메갈의 특정 언행이 일베와 정말로 비슷하기에 나온 것이 아니다. '메갈은 곧 여자 일베다'라는 주장을 앞세운 뒤, 메갈과 일베 사이의 유사성이 의도적으로 수집된 것이다.

'집게손' 음모론이 이를 예증한다. 일베에는 자신들의 행위를 커뮤니티에 인증하고 과시하기 위해 인증을 위한 표식을 드러내는 문화가 있다. 자신이 만든 콘텐츠에 일베의 상징을 숨겨 두거나 손가락을 일베 로고 모양으로 만든 채 인증 사진을 찍는 식이다. 이것이 그대로 메갈의 상에 덧씌워졌다. 남초 커뮤니티 이용자들은 메갈이 자신들을 과시하려 메갈리아 상징을 드러내는 사진을 찍거나 창작물에 삽입할 것이라 여겼다. 실제 메갈리아에는 그런 문화가 없었음에도 말이다.

이런 합성 이미지가 있다. 웹툰 속 여성 캐릭터가 상대와 대화 중이다. 상대의 반응을 기다리는 여성 캐릭터는 머쓱한 듯 살짝 얼굴을 붉힌 채 검지로 입가를 만지작댄다. 그런데 이 캐릭터에게 붙은 말풍선 속 대사는 이렇다. "6,9센티미터 한남충은 극혐이다 이기야! 선배도 동의하노?"[21]

해당 짤방은 2016년 웹툰계 메갈 사냥 당시 제작되었다. 메갈로 지목된 작가의 작품 속 캐릭터가 메갈리아 로고와 비슷한 손가락 모양을 취한 장면을 찾아내 가짜 대사를 합성한 것이다. 메갈 창작자를 따라 메갈인 캐릭터는 일베와 마찬가지로 평소 언행과 창작물에서 메갈의 은어를 사용할 것이라는 허구적 인식이 드러난다. 흥미로운 사실은 이때 이를 만들고 공유하던 사람들은 이 집게손 장면이 우연임을 분명히 인지한 채 즐겼다는 점이다. 아무것에나 대고 메갈의 증거라고 주장하는 일은 처음에는 '일루미나티 찾기' 같은 음모론 놀이에

---

21 ○○(익명), 「오토코노코 갤러리, 아메리카노 엑소더스 갤러리에서 떡 돌리러 왔습니다.」, 디시인사이드 웹툰 갤러리, 2016년 7월 20일.

가까웠다. 그러나 지식이 파편화되어 전수되는 온라인 환경 안에서 남초 커뮤니티는 점차 자신들의 선배가 만들어 낸 메갈의 허상에 몰입하고, 진실로 믿게 되고 말았다.

"일베나 메갈이나"라는 거짓말

'메갈은 일베와 다름없다'는 담론. 거짓 논리에서 출발해 남초의 놀이 문화로 확산된 이 담론은 메갈 배제를 정당화하는 데 무척 효과적이었다. 온라인에서 기인한 사회 문제를 모두 일베가 일으켰다고 여기는 사회 인식 속에서 온라인의 남성들은 일베를 배척한다고 밝히며 스스로 정상 시민임을 증명해 왔다. 그렇다면 '여자 일베'인 메갈을 배척하는 일은 여성혐오가 아니다. 정상 시민으로서 비정상적인 주체를 배척하는 것은 정당하니까.

이에 더해 메갈을 배척하는 남성들은 한쪽 성별 입장에 치우치지 않는 '양성평등한' 주체인 자신이 젠더 논쟁의 합리적인 심판자라고 여겼다. 여성인 메갈을 배척하는 만큼 남성인 일베도 배척하기 때문이다. 이러한 주장에 따라 온라인상 젠더 논쟁에 뛰어든 남성은 상대가 메갈임을 증명하기만 하

면 되었다. 그가 메갈이기만 하면 정상적인 대화가 불가능한 상대를 배제하는 일은 공히 합당했다.[22]

메갈을 일베에 빗대 배제하는 담론은 초기 페미사냥에 특히 중요한 역할을 했다. 메갈 배제의 선례가 없던 상황에서, 앞서 일베에 게시글을 올린 노동자가 해고된 사례들이 근거로 동원되었다. "실제로 일베는 교사나 공무원 몇몇이 〔해고〕 당하기도 〔했잖아.〕 일베 싸대기 후리는 〔메갈〕을 회사에서 방치한다? 그거야말로 콘텐츠 생산 회사에서는 미친 짓이지."[23] 이때 단순히 해당 노동자가 일베여서가 아니라, 직무 수행에 문제를 일으키고 이를 커뮤니티에 인증했다는 점은 무시되었다.[24]

일베를 이용했다는 이유로 해고된 사례는 사

22   김수아·이예슬, 앞의 글.

23   ○○(익명), 「메갈 하는 여자들은 인생 끝나게 만드는게 맞는이유.jpg」, 디시인사이드 웹툰 갤러리, 2016년 7월 19일.

24   일베 교사, 공무원의 선례에서 해고의 근거는 그들의 문제 행동과 직무 사이에 직접적인 관련이 있다는 점이었다. 2013년 5월 25일, 초등학교 교사임을 인증한 일베 사용자가 초등학생 사진과 함께 어린이를 성적 대상으로 표현하는 은어인 '로린이'라고 지칭한 게시글을 올려 논란이 되었다. 2013년 12월 19일, 젖병 제조사 협력사 직원이 생산 중인 젖병 사진과 "여자 젖이 사무치게 그리울 때 가끔 빨기도 한다."라는 글을 나란히 두고 일베임을 인증해 논란이 되었다.

실 단 한 건도 없다. 그럼에도 대중들의 오해는 널리 퍼졌다. 노동자가 일베로 밝혀지면 해고될 수 있다는 인식은 사실 여부와 상관없이 노동자가 메갈로 밝혀져도 해고해야 한다는 주장을 뒷받침했다. '메갈과 일베의 차이점은 성별뿐이다. 남성인 일베는 해고하면서 여성인 메갈은 해고하지 않으면 성차별이다.' 페미사냥의 핵심 논리 가운데 하나다.

> 메갈리아에 대해서는 전에 트윗타래로도 한번 썼습니다. 회원으로 활동한 적은 없어도 간간이 리트윗으로 넘어오는 글들을 보았고, 미소지니에 대응하는 웹사이트라고 생각하고 있습니다. 그곳에 대해 딱히 나쁜 인상을 갖고 있진 않아요.
> 일베저장소에 대해서는 전에 트윗타래로도 한번 썼습니다. 회원으로 활동한 적은 없어도 간간이 리트윗으로 넘어오는 글들을 보았고, 남성혐오에 대응하는 웹사이트라고 생각하고 있습니다. 그곳에 대해 딱히 나쁜 인상을 갖고 있진 않아요.
> **댓글** 이랬으면 진짜 매장당했겠네(웃음)[25]

25 ㅣ리노ㅣ, 「티나 성우 발언을 미러링 해보겠습니다」, 디시인사

2016년 넥슨 성우 교체 사건 당시 올라온 게시글에서 작성자는 메갈리아를 옹호하는 성우의 소셜미디어 발언을 가져와 일베를 옹호하는 발언으로 패러디한다. 메갈리안이 일베의 여성혐오를 비판하기 위해 사용한 전략인 미러링을 역으로 전유하고, 이를 통해 메갈을 옹호하는 것은 일베를 옹호하는 것과 다를 바 없다고 주장하는 것이다. 이에 대한 댓글은 만약 일베를 옹호했다면 틀림없이 사회적으로 매장당했으리라며 호응하고 있다.

그런데 정말 그런가? 과연 한국에서 남성을 일베라고 단정하는 일이 그렇게 쉽게 일어났던가? 일베 은어를 쓰면 몰라서 썼을 것이라고, 일베에 가입되어 있으면 유머 자료를 보러 들렀을 것이라 선해해 주지 않았던가. 게임 「블루 아카이브」 대사에 '5시 23분'[26] 같은 숫자가 맥락 없이 등장했을 때, 누구 하나 게임사에 문제를 제기했던가? 겨우 누군가 일베로 판명돼도 그저 욕이나 한마디씩 하고 만 것이 현실이다. 나는 자꾸만 되묻게 된다. "일베나 메갈이나 똑같아."라고? 정말 그렇게 생각

이드 클로저스 갤러리, 2016년 7월 18일.

26   고(故) 노무현 대통령을 조롱하기 위해 그의 사망일인 5.23이라는 숫자를 밈으로 쓰는 것. 전형적인 일베 문화다.

하느냐고.

반란은 가능할까

남초 커뮤니티에서 만들어져 이제는 대중적으로
퍼진 메갈의 상에는 왜곡된 실재와 허구가 마구 뒤
섞여 있다. 쉽게 상대를 모방하고 모습을 바꾸며,
경계 지어지지 않는 혼종인 메갈리안. 과격하고 위
악적인, 분명 혐오를 재생산하기도 했던 메갈리안
의 실제 모습과 이에 대한 남성들의 불안, 공포, 복
수심 따위가 한데 섞여 메갈의 상에 깃들었다. 이
위에 메갈리안을 진압하고 쫓아내기 위한 전략으
로 '여자 일베'와 같은 허구가 겹겹이 덧씌워졌다.
이 과정을 의식하지 않은 채 원본을 기억하고 평가
하기란 요원하다.

　　모켈레음벰베라는 괴수의 전설이 있다고 한
다. 콩고의 밀림에서 산다는 이 괴수는, 구전되는
묘사가 용각류 공룡과 닮아서 공룡이 살아남았다
는 증거로 관심을 모았다. 그래서 콩고 일대의 무
수한 모켈레음벰베 설화는 공룡을 찾아 창조론을
증명할 목적으로 찾아온 서구 기독교인의 요구에
맞는 내용만 채택되거나 재창작되었다. 이제 공룡

을 의식하지 않고 모켈레음벰베의 모습을 추적하는 일은 불가능해졌다.

　이산화의 소설 「소같이 풀을 먹는 예수 그리스도를 믿사오니」[27]에서 이 이야기를 처음 읽고, 나는 메갈리안이 이 괴수와 같은 처지라고 생각했다. 그런데 소설 속에서 모켈레음벰베는 기독교인의 믿음을 파고들어 자신이 당한 일을 똑같이 되돌려 준다.(어떻게 하는지는 소설을 꼭 읽어 보길.) 나는 집게손 음모론 따위의, 자신들이 만든 거짓말을 진짜로 믿고 행동하게 된 남초 커뮤니티의 남성들을 보며 재반격의 가능성을 엿보게 되었다. 집단적 음모론과 거짓말에는 반드시 모순과 자가당착이 따른다. 그 모순의 틈을 찌르는 또 한 번의 미러링이 가능할까.

27　문이소 외, 『태초에 외계인이 지구를 평평하게 창조하였으니』 (안온북스, 2023) 수록작.

4장

소비자 권리라는 억지

책의 출간 전 연재를 위한 뉴스레터 구독자를 모집하는 민음사 인스타그램 게시글에 이런 댓글이 달려 있었다. "출판시장 소비층 대부분이 여성이니…… 뭐 이해합니다." 여기에는 출판사가 주 소비층의 요구에 부응하기 위해 특정 가치관과 주장을 담은 글을 낸다는 발상이 깔려 있다. 더 거칠게 표현하자면 출판사는 돈을 벌려고 돈 주는 사람을 따를 뿐이고, 또 그래야 한다는 생각이다. 나는 바로 그런 왜곡된 소비자주의가 지금 한국 사회 반페미니즘의 주요한 논리로 구성되고 힘을 키워 온 과정을 밝히려 한다.

대체 언제부터 남성들이 젠더 문제에서 '소비층'을 운운하기 시작했을까? 페미사냥은 상품을 생

산하는 노동자가 페미인지 여부가 그것을 사는 소
비자의 이권과 관련되는 '소비자 문제'라는 전제에
서 성립한다. 이 전제는 페미사냥이 심화한 지금에
와서는 당연한 말처럼 보인다. 그러나 사실은 몇
년 동안 여러 사건을 거치면서, 당시의 상황 그리
고 감정과 뒤얽히면서 만들어져 온 것이다.

페미니스트의
소비자운동을 돌아보면

페미사냥은 정치적 소비자운동일까? 처음 이 문제
를 분석하기로 한 때부터 줄곧 머릿속을 떠나지 않
는 질문이다.

소비자운동은 자본과 경제력 등이 기업보다
불리한 소비자가 피해 보상과 같은 요구를 관철하
기 위해 조직된다. 직접적인 피해가 없더라도 기업
에 사회적·윤리적 책임을 요구하고자 소비자가 모
이기도 한다. 후자가 곧 정치적 소비자운동이다.
노동, 환경, 민주주의 가치를 훼손하는 기업 행위
를 개선하기 위해 진행되는 운동은 기업과 사회가
어떤 가치를 지향해야 하는가에 대한 판단을 포함
한다. 예를 들어 SPC 불매운동[1]에 동참하는 소비자는 존엄하고 안전한 노동환경이라는 가치를 추구할 것이다.

원래 내 관심사는 페미니스트의 정치적 소비자운동였다. 페미니스트들은 시장의 성차별적 노동 구조, 젠더 폭력, 여성혐오 문화에 소비자로서 문제를 제기해 왔다. 그간 가계 소비의 역할을 도맡아 온 여성에게 정치적 의사 표현을 할 수단이 소비일 수밖에 없었기 때문이다. 페미니즘 리부트 과정에서 젊은 여성들은 대중문화 소비자로서의 역량을 적극적으로 활용했다. 그런데 이러한 운동 과정이 너무 고되고 지친 데 비해 페미니스트들은 제대로 된 대우를 받지 못했다. 일사불란한 민원과 해시태그 운동, 끈질긴 불매에도 기업이 개선하려는 노력을 보이지 않을 때, 페미니스트들이 자책하거나 서로를 책망하며 소진되고 마는 게 너무 안타까웠다.[2]

---

1   2022년 SPC그룹 계열사 파리바게트가 노조 탈퇴를 종용하고 노조원의 승진을 차별한 것, 제빵기사의 휴식권을 보장하지 않는 열악한 노동 환경 등이 고발되며 불매운동이 일어났다. 같은 해 10월 SPC그룹 계열의 공장에서 안전 지침을 지키지 않아 노동자가 사망하는 사건이 발생하면서 불매운동은 더욱 확산했다.

2   《한편》 2호 '인플루언서'(민음사, 2020)에 실린 「#피드백 운동의 동역학」에서 이에 관해 자세히 다루었다.

이를테면 나는 2018년 미투(#MeToo) 고발을 희화화하는 광고로 불매가 일자 사과한 배스킨라빈스가, 이듬해 또다시 어린이 모델을 성적으로 연출한 광고를 내는 일 따위를 보며 무력감을 느꼈다. 성 인지 관점이 그렇게 갑자기 생겨나는 것을 알지만 소비자의 항의에도 나아진 점이 없음을 확인하는 건 맥 빠지는 일이었다.

그 당시 나는 학비를 마련하려고 배스킨라빈스에서 일하고 있었다. 문제가 된 광고를 보았을 때, 용기 내 고발한 성폭력 피해 내용이 밈으로 전락하여 피해자가 느낄 굴욕감을 상상하니 고통스러웠다. 그런데 동시에 본사에서 그 광고 상품을 억지로 밀어 넣었다며, 그래도 열심히 팔아 보자고 웃던 맘씨 좋은 점장님도 걱정됐다. 어떻게 하면 가맹점주나 노동자에게 가는 피해를 최소화하면서 본사의 광고를 비판할 수 있을까. 그런데 왜 또 그 상품을 고민 없이 사 먹는 손님들이 더 쉽게 미워질까? 그렇게 고민을 거듭하며 했던 행동에 별 의미가 없다면 허무하지 않겠는가.

그렇다면 페미사냥은 어떤가? 페미사냥은 실제로 형식 면에서 페미니스트 소비자운동과 닮았고 이를 의식하거나 모방하기도 했다. 대중들은 여성과 남성을 동등한 대립항으로 여기는 통념에 따라, 여성들의 정치적 소비자운동이 여혐 불매라면 남성들의 정치적 소비자운동은 메갈 불매라고 인식하고 있기도 했다. 정말 그럴까?

항의가
진짜 향하는 곳

페미사냥은 처음 조직될 당시부터 기업에 맞서 어떤 정치적 지향을 관철할 의지를 드러내지 않았다. 넥슨 성우 교체 사건에서 「클로저스」의 남성 소비자들은 게임사를 이용자와 대립하는 위치에 두지 않고 오히려 자신과 같은 피해자로 여겼다.

> 분명 게임 잘 살려 보려고 어떻게든 노력하는 거 같은데, 하는 일마다 사건 사고가ㅋㅋㅋ 어떻게 대처할지 궁금해집니다. 팝콘 와자작은 무슨 내 티나 스타터팩....[3]

---

3   플래티넘 트로피, 「이번 성우건 보면 금태 사장님 억울할거 같네 ㅋ」, 루리웹 클로저스 게시판, 2016년 7월 18일.

한 게시글 작성자는 "사장님" 곧 「클로저스」의 류금태 총괄 피디를 게임을 위해 노력하는 이로 상정하며, 그런 그가 "사건 사고"로 인해 억울한 상황에 놓였다고 봤다. 그리고 소비자인 자신 또한 상황을 편히 관망할 처지가 아님을 불평했다.

　흥미롭게도 「클로저스」 이용자들은 원래 그렇게 게임사에 우호적인 편이 아니었다. 성우 교체 사건이 있기 전 「클로저스」에는 일명 애새끼들 논란이라는 사건이 있었다. 2015년 한 서브컬처 행사에서 「클로저스」 공식 부스의 남성 직원이 이용자를 '애새끼들'이라 부르며 고압적으로 굴었다는 증언이 나와 이용자들이 집단으로 항의한 일이었다. 게임사는 문제의 직원이 외부 용역이라고 해명했지만 기업의 반응이 무책임하다고 본 이용자들은 더 분노하며 그간 쌓인 다른 불만까지 표출했다. 논란의 시작은 직원의 태도였으나 이용자 여론은 게임사의 서비스와 소비자 대우 전반을 비판하는 방향으로 향했다.

　반면 A 성우의 메갈 논란에서 이용자들은 문제를 해당 성우의 개인적 언행으로 국한했다. 이런 차이는 책임자인 게임 총괄 피디를 비롯한 게임사가 남성으로 표상되며, 젠더 문제인 페미 논란에 대해 남성으로서 이용자와 같은 입장을 공유할 것이라 여긴 데서 온다. 이러한 인식 속에 「클로저스」 흥행이라는 목적을 공유하는 게임사와 이용자가 같은 편에, 페미 논란을 불러일으킨 여성 성우가 문제의 원인으로 그 반대편에 놓이게 된다. 남성 소비자의 항의는 소비자 대 기업의 구도가 아닌, 남성으로 표상되는 게임계 대 외부자 페미 여성의 대립 구도로 조직되었다.

넥슨 성우 교체 사건이 있기 전까지 남성이 젠더 문제에서 불매운동이라는 전략을 채택하는 일은 없었다. 애초에 남성들이 소비자로서 정치화하는 일 자체가 드물었다. 특히 남초 커뮤니티에서는 '여자들은 툭하면 빼애액하고 불매에 나선다'며 조롱하곤 했다. '빼애액'은 여성들의 행동을 논리 없이 감정적으로 소리만 지르는 것이라 비하하는 표현이다. 이처럼 기존 소비자운동은 여성적이고 감정적인 것, 냄비근성의 발로로 취급받는 분위기가 팽배했으며, 대기업에 맞서는 것은 무모하고 비합리적인 일로 여겨졌다. 그런데 어떻게 「클로저스」의 이용자들은 집단 환불과 불매를 실행하게 된 것일까?

저거 안 자르고 놔두면 감싸고 돈다면서 나딕도 똑같은 취급 받고, 아예 멀쩡히 활동하게 내버려 두면 나딕이 더 큰 표적이 됨.[4]

이는 기업이 표적이 아니었기에 가능했다. 성우 해고를 주장하는 게시글의 논리는 이렇다. 글쓴이는 아직은 이용자들이 '나딕게임즈'(「클로저스」를 개발한 넥슨 산하 게임사)를 편들지만 성우를 해고하지 않으면 그들도 곧 메갈로 취급될 것이라고 본다. 게임사가 실제로는 메갈이 아니리라는 전제하에 말이다.

이들은 페미니스트를 지지할 리 없는 회사가 즉각 성우를 교체하지 않는 이유를 기존 성우와 계약을 해지하고 새 성우를 기용하는 조치에 드는 비용에서 찾았다. 그리고 이는 불매를 통해, 곧 실질적인 기업 손해를 발생시켜 게임사에 성우 교체 조치에 정당성을 실어 줄 수 있다는 주장으로 이어졌다. 넥슨 성우 교체 사건에서 집단 환불의 목표는 페미니즘 지지를 밝힌 여성 성우를 "엿 먹이는" 것,

4   ㅇㅇ(익명), 「지금 유저들이 아직 나딕 편들어주고 있을때 빨리
     잘라버려야 함」, 디시인사이드 클로저스 갤러리, 2016년 7월
     18일.

즉 그를 해고할 구실을 만들어 공격하는 것이었다.

— "고객님 환불 사유가 뭔가요??"
　　"해당 캐릭터 성우가 메갈 인증해서요..."
　　지들 지갑에 들어왔던 거 다시 꺼내서 돌려주
　　는 게 아예 안 사는 거보다 더 크다.[5]

— 그러므로 티나한테 주려고 충전한 캐시 등을
　　환불하고 인터넷에 인증하는 릴레이가 시작되
　　면 넥슨 측에서도 법적 절차 들어가기 용이함.[6]

　　기업의 조치를 통해 간접적으로 메갈 창작자
를 공격한다는 목표는 이후의 웹툰계 페미사냥에
서도 비슷하게 나타났다. 넥슨 성우 교체 사건 이
후 웹툰 플랫폼 레진코믹스[7]에서 연재하는 웹툰 작

5　　KAKAROT, 「티나성우 ㄹㅇ 엿맥이는방법=스타터팩 환불」,
　　디시인사이드 클로저스 갤러리, 2016년 7월 19일.

6　　ㅇㅇ(익명), 「〈진지〉 메갈 성우 때문에 회사에 실질적으로 "피해"
　　를 입어야 해고 가능」, 디시인사이드 클로저스 갤러리, 2016년
　　7월 19일.

7　　당시 레진코믹스는 대형 포털사이트의 웹툰 플랫폼과 달리 유
　　료로 콘텐츠를 제공했고, 웹툰 전문 플랫폼으로서 대중보다 마
　　니아를 겨냥했다. 특히 남성향과 온라인 하위문화 기반 유머 웹

가 중 일부가 넥슨을 공개 비판하자 레진코믹스 코인을 환불하고 탈퇴하는 운동이 벌어졌다.

재들 케어하기 시작하고 그러면 대가리 빈 것들이 더 나대면서 커밍아웃할게. 누구를 안 봐야 하는지 알아서 밝혀주는데 당연 환불해야지.[8]

레진코믹스의 연재 작가들을 표적 삼은 소비자들은 레진코믹스를 불매하면 플랫폼 사장이 창작자들을 '관리'할 것이라 여겼다. 페미 논란이 돌출되지 않도록 운영자가 창작자에게 압력을 가하리라고 믿었다. 그리고 플랫폼의 압력에 공개적으로 반발하며 '페미'임을 밝히는 작가들을 색출하자고 주장했다. 웹툰계 페미사냥을 주동한 이들의 구도는 이러했다. '웹툰·서브컬처계라는 공동체 일원으로서 남성의 요구에 맞춰 작가를 관리할 주체인 남성-기업' 대 '관리 대상이자 언제든 대체할 수 있고 쫓아낼 수 있는 여성-창작노동자'.

툰이 다수 연재되었다. 대표 한희성은 남성향 서브컬처 분야의 유명 블로거로 인지도가 높았다.

8   ㅇㅇ(익명), 「환불해야 레진 사장이 아 ×됐다 하면서」, 디시인사이드 웹툰 갤러리, 2016년 7월 21일.

시장을 모르는
무지한 여성에게 가르침을

「클로저스」이용자들은 성우의 메갈 논란으로 인한 상품의 손상에 반발하여 성우 교체를 요구했다. 이러한 요구는 페미니스트가 문제 여성이라는 남초 커뮤니티 담론 그리고 「클로저스」가 좁은 남성향 서브컬처 시장에 있다는 특성에 근거했다. 이들은 자신들의 근거가 상식이라고 믿었고 이 믿음은 넥슨이 성우 교체 요구를 수용하면서 더욱 굳건해졌다.

그런데 성우 해고 조치는 그것을 요구한 소비자도, 수용한 넥슨도 예상치 못했을 거센 사회적 파장을 일으켰다. 페미니스트 소비자, 문화산업 관계자, 시민단체와 정당을 포함한 많은 일반 시민과 주요 언론이 해고 조치를 비판했다. 특히 창작자들은 이를 부당한 정치 검열로 의제화했다. 이러한 저항이 여성 종사자 비율이 높고 창작자가 개인으로 드러나는 웹툰 분야에서 특히 가시화되었기에, 2016년 페미사냥의 주된 장은 웹툰 시장으로 이동했다.

남초 커뮤니티의 서브컬처 소비자들은 사회적

반응에 동요했다. 특히 그들이 좋아하던 많은 창작자가 메갈을 지지하며, 팬으로서 진심 어린 설득을 해도 생각을 바꾸지 않을 수 있다는 사실이 혼란과 배신감을 안겼다. 일부 창작자가 페미사냥에 반발하며 소셜미디어에서 "그럴 거면 내 만화를 보지 마라." "어디 나도 같이 잘라 봐라!"라고 저항과 연대를 표현한 일은 소비자들을 크게 자극했다.

이런 가운데 웹툰 창작자가 소비자를 무시했다고 주장하며 분노와 굴욕감을 호소하는 담론이 불거졌다. 바야흐로 '소비자 기만'이라는 수사가 등장했다. 창작자가 '남성혐오'적인 페미를 지지하므로 그들의 창작물을 소비한 남성 소비자는 기만당했다는 것이다. 소비자 기만은 소비자가 소비를 통해 얻으리라 기대한 정당한 편익을 얻지 못하거나 생산자와 소비자 사이에 불공정한 교환이 일어난 상황을 말한다. 이 소비자들은 웹툰을 구매해 읽고 즐겼으므로 비용에 따른 대가를 이미 얻었다. 그들은 왜 자신이 기만당했다고 주장한 걸까?

남성 웹툰 소비자의 소비자 기만 주장은 소비자가 비용을 투여했으니 창작자와의 관계와 창작자의 사생활 및 인격에까지 일정한 권리를 가진다는 인식에서 나왔다. 디시인사이드 웹툰 갤러리(웹

갤)에 쓰인 아래 댓글은 페미사냥에서 이러한 감각
이 어떻게 만들어지는지 보여 준다. 작가를 좋아하
고 구독하는 등 작가에게 적극적으로 시간과 관심
을 투여했는데, 애정을 받은 창작자가 "뒤에서" 남
성을 비하하는 이들과 어울리는 기만을 저질렀다
는 것이다.

> 댓글 　내가 좋아했던 작가들이 뒤에서 한남충 ㅉㅉ
> ×× 재기해 이딴 상스런 말 쓰는 애들이랑 같이 어
> 울린다 생각하니 참 헐멀 읍따..~~
> 댓글 　배신감을 넘어 아니 뭣 때문에 구독했는지도
> 모르겠고..[9]

　소비자 기만 담론은 웹갤에 나타난 '예스컷'
사례에서 서브컬처 시장 내 창작자와 소비자 전반
의 관계 문제로 확장되었다. 예스컷은 2010년대 초
반 만화계의 창작자와 독자가 함께한 '노컷'(검열
반대) 캠페인을 뒤집은 것이다. 이전에는 창작자와
나란히 서서 웹툰 검열에 반대한 독자가, 웹툰계의

9　ㅇㅇ(익명), 「작가님들 올질 모음 좀 더 추가해 봄」에 달린
'Awr'의 댓글, 디시인사이드 웹툰 갤러리, 2016년 7월 21일.

메갈을 색출해 쫓아내기 위한 검열에는 찬성하겠다고 나섰다. 여기에는 소비자가 검열 등 외부 압력으로부터 작가를 보호하며 웹툰 시장을 존속시키는 역할을 해 왔다는 자의식이 깔려 있었다.

일례로 한 웹갤 이용자가 예스컷 운동을 확산하기 위해 올린 홍보 이미지에는 이런 문구가 포함되었다. "몇몇 작가들에게만 한정된 사랑이 아닌, 서브컬처계 전체에 대한 애정이", "'우린 니들 없이도 잘 살고 충분히 사랑받을 수 있어'라는 경멸과 무시로 돌려받았다고 느꼈다면?"[10] 소비자의 서브컬처 전체에 대한 애정이 경멸과 무시로 되돌아온 것. 모두가 예스컷에 동참해야 할 이유였다.

넥슨의 해고 조치, 즉 페미사냥을 창작자의 정치적 의견 표출에 대한 검열로 본 창작자들은 '검열을 할 것이라면 내 만화를 보지 말라'며 A 성우와 연대했다. 예스컷 운동에서 창작자들의 연대 메시지는 "우리는(창작자는) 너희들(소비자들) 없이도 잘 살고 충분히 사랑받을 수 있어."라는 경멸과 무시의 말로 달리 해석되었다. 창작자가 페미사냥을

---

10   예스컷운동, 「[주작요청] 예스컷운동 관련해서 자료 만들어 봤다. 피드백 받을테니 올려줘 1」, 디시인사이드 웹툰 갤러리, 2016년 7월 23일.

하는 소비자에게 반발한 일을 두고 소비자 지위와 역할을 전면 부정했다고 확대해석함으로써, 페미 색출은 소비자 지위 문제로 정당화됐다.

페미니스트 창작자의 퇴출을 주장한 서브컬처 소비자들은 자신들이 무시당해선 안 되는 존재라고 강조하는 과정에서 소비와 지지를 통해 시장을 존속시키는 소비자, 곧 독자의 지위를 재발견했다. 비슷한 시기 게임 커뮤니티 루리웹의 만화 갤러리에 올라온 한 단편 만화에서 스스로를 웹망생(웹툰 작가 지망생)이라고 소개하는 주인공은 이렇게 외친다. "작가는 본인이 된다고 될 수 있는 게 아니라! (……) 독자들이 작가라고 불러 주었을 때 비로소 작가가 되는 겁니다!"[11] 이 만화를 그린 작성자는 주인공의 입을 빌려 독자가 있어야 작가가 있을 수 있다고 주장한다. 그런데 이렇게 독자의 역할을 자각한 이들은 소비자가 창작자보다 권력 우위에 있다는 왜곡된 인식을 하게 되었다.

결국 소비자 기만 담론에서 불공정하게 거래되었다고 주장되는 가치는 애정과 존중이다. 페미

---

11   猫Valentie[K], 「한 웹망생이 현재 웹툰계 상황에 대해 하고 싶은 말」, 루리웹 만화 갤러리, 2016년 7월 25일.

사냥에 나선 소비자들은 자신을 서브컬처 문화 공동체의 일원으로 여기며, 돈을 낸 사람으로서 성원권과 창작자에 대한 우월적 지위를 구매·갱신했다고 여겼다. 이러한 논리에서 '돈을 냈을지라도 페미사냥을 벌이는 소비자는 거부할 수 있다'는 창작자의 태도는, 창작자보다 높은 독자의 지위를 존중하지 않는다는 점에서 소비자 기만 행위가 된다.

상품성의 손상뿐 아닌 소비자 무시라는 새로운 피해 담론이 만들어지면서 페미 창작자는 소비자와 직접 대립하는 가해자가 되었다. 돈을 내는 소비자로서 권력 우위를 주장하며 페미사냥에 대한 창작자의 저항을 소비자 지위의 무시로 의미화하는 담론은 여러 사건을 거치며 점점 정교해졌다. 사실 '소비자 기만'은 남성 소비자가 여성혐오의 혐의에서 벗어날 수 있는 전략이기도 했다. 기업이 이들의 요구를 여러 번 수용하면서 효과가 증명된 이 전략은 2018년 재점화한 연속적인 게임계 페미사냥의 핵심 주장으로 부상했다.

"우리가 누구한테 월급을 받는다 생각해?"
"회사요.."
"독자야."

댓글 "회사요"는 ×× ㅋㅋ 일본도 저런 게 나올 정도면 그 성별 종특인가?[12]

이 게시글은 2018년 게임 「소녀전선」에서 페미니스트로 지목된 일러스트레이터가 담당한 캐릭터의 출시가 취소된 당시 올라온 것으로, 소비자 중심의 시장 원리 인식을 잘 드러낸다. 글쓴이는 출판업계를 배경으로 한 일본 드라마 「중쇄를 찍자」의 한 장면을 통해 페미 창작자의 작업물이 퇴출된 「소녀전선」 사건의 결말을 해석한다. 그런데 원작에서 이 장면은 편집자(생산자)는 독자(소비자)의 소비로 월급을 받고 살아가므로 소비자를 존중해야 한다는 의미를 전하고 있다. 원본의 전후 맥락이 삭제된 채 글쓴이는 기업의 페미 창작자 배제는 창작자에게 월급을 주는 사람, 즉 상품에 대한 비용을 내고 생산을 가능하게 하는 권력자인 독자(소비자)의 뜻에 따른 결과이므로 합당하다고 주장하는 데 두 편집자의 대사를 끌어다 쓴다.

주목할 지점은 해당 장면에서 자신의 월급이

12 You, 「이번 메갈 사태 결말」의 본문과 댓글, 디시인사이드 빵집 소녀 갤러리, 2018년 3월 28일.

독자에게서 나온다는 것을 모르는 무지한 노동자의 역할은 여성으로 그려지며, 이러한 무지함이 "그 성별 종특", 여성의 특성이라고 여기는 댓글이 등장한다는 것이다. 여기에는 페미사냥의 대상이 된 창작자는 여성이기에 소비가 생산을 존속시키는 중심에 있다는 시장의 원리에 무지했고, 그래서 소비자의 뜻을 거슬렀다는 인식이 있다. 이때 남성 소비자는 여성 창작자에게 시장의 권력관계를 확인시키고 가르치는 위치에 선다.

젠더 문제를 우회하기

페미 창작자에 대한 색출과 공격이 심화하면서 성차별·폭력 문제에서 남성 일반을 비판하는 일도 페미의 증거로 지목되기 시작했다. 남성을 비판한 창작자에게 소비자를 무시했다는 혐의를 씌우려면 새로운 논리가 필요했다. 젠더 문제를 소비자 문제로 만들기 위한 연결고리 말이다. 이에 따라 시장의 주 소비층은 남성이고, 주 소비층에 반하는 페미가 시장에서 배제되는 것은 정당하다는 담론이 더욱 강화됐다.

지금 자칭 페미니스트들은 페미라서 마녀사냥당한다, 페미라서 욕먹는다고 물타기 하는데, 일련의 사태는 페미니스트 이전에 공급자가 주 고객층을 지속적으로 비난, 비하했다는 점이 문제야. 우선 우리나라 모바일 게임 결제 유저층을 보면 결제 유저 성비도 남성이 90퍼센트, 매출 기여 또한 남성이 90퍼센트가 넘어가. 사실상 주 고객층은 남성이라고 할 수 있지. 그런데 일련의 사건의 주인공들은 주 고객층을 비하하는 내용을 리트윗하거나 혹은 대놓고 주 고객층을 비난하거나 벼락 맞고 뒤지라고 하고 있지.[13]

2018년 연속해 발생한 게임계 페미사냥 국면에서 작성된 이 게시글은 일련의 사태를 페미니즘의 문제가 아닌 "공급자(생산자)가 주 고객층을 지속적으로 비난, 비하"한 사건이라고 말한다. 정치나 사상의 문제가 아닌 시장에서 소비자를 어떻게 대우할까의 문제라는 것이다. 그러면서 한국의 모바일 게임의 주 소비층이 남자라는 근거로 결제자 중 남성 비율과 남성의 매출 기여도가 90퍼센트가

---

13   아마렛토, 「일련의 사건에 대하여(feat. 정말 사상의 문제인가?)」 디시인사이드 빵집소녀 갤러리, 2018년 3월 28일.

넘는다고 주장한다. 물론 이 주장은 사실이 아니다. 그러나 여기서 이 수치의 진위는 중요하지 않았다.[14] 게시글의 목적은 남성 이용자에게 '영향력 있는 소비자'의 지위를 자각하게 하는 것, 돈을 내는 위치인데도 페미에게 모욕당하는 남성 소비자라는 피해의식을 일깨우는 것이었다.

페미사냥 문제에서 남성들의 피해의식은 창작자만을 향하지 않았다. 사태 초기에 페미니스트들은 페미사냥을 여성 성우가 게임업계와 이용자의 여성혐오로 인한 피해를 당한 일로 의제화했다. 이 전략은 강남역 여성혐오 살인 사건 이후 여성혐오가 사회적 문제로 크게 떠오른 당시 상황에서 문제를 효과적으로 확산했다. 페미사냥의 주동자들은 여성혐오자, '일베 같은' 집단으로 인식되었고 사

---

14   이 게시글이 쓰인 시기와 비슷하게 발표된 「2018 대한민국 게임백서」(한국콘텐츠진흥원, 2019)에 따르면 모바일 게임 이용자 중 게임 머니와 아이템을 구입한 이용자의 비율은 남성은 전체 이용자 중 32.4퍼센트, 여성은 22.1퍼센트다. 모바일 게임 총 이용 비용은 남성은 평균 40,304원에 중앙값 11,000원, 여성은 평균 20,649원에 중앙값 10,000원으로 나타났다. 남성이 모바일 게임에 더 큰 비용을 지출하며, 고액 이용자도 남성이 비율이 높은 것은 사실이나 시장의 90퍼센트를 점유할 만큼 압도적으로 차이가 나지는 않는다.

회적 공분이 일었다. 자신들을 페미 논란의 피해자로 위치시킨 소비자들은 사회가 피해와 가해의 관계를 정반대로 설정한다는 억울함에 사로잡혔다. 2016년 웹툰계 페미사냥을 주도한 웹갤 이용자들은 자신들을 가해자 일베로 취급하는 사회의 반응에 크게 분노한다.

인터넷 막장으로 유명한 일간베스트 회원들이 남녀평등을 옹호한다는 이유로 웹툰 작가들에 대한 공격에 나섰습니다. 이런 식으로 보도될 듯.[15]

실제로 당시 '메갈'로 지목된 여성 웹툰 작가가 일베 이용자를 고소했다는 기사가 보도된 이후 웹갤을 비롯한 루리웹, 오늘의 유머, 웃긴대학, 나무위키 등 남초 커뮤니티들은 '우리는 일베가 아니다'라는 입장을 냈다.[16] 일베와 페미를 공평하게 배척한다는 논리로 사냥을 정당화하던 남초 커뮤니티 소비자들에게 일베라는 오명은 억울함과 분노의

---

15   ㅇㅇ(익명), 「이거도 보도되면 다 일베짓되겠네」, 디시인사이드 웹툰 갤러리, 2016년 7월 21일.

16   「'일베 누명' 커뮤니티들 "JTBC 편파보도 멈춰라"」, 《헤럴드경제》, 2016년 7월 28일.

정동으로 이들을 더욱 부추기고 결집하는 효과를 냈다. 이러한 정동은 여성은 남성에게 피해를 주어도 되지만, 남성이 이에 반격하면 무조건 범죄자나 여성혐오자 취급을 당한다는 남성 역차별론과 잠재적 가해자론 등의 반페미니즘 담론과도 연결되었다. 이렇게 페미사냥은 동시대의 반페미니즘 정치와 공명하면서 일부 서브컬처 소비자 집단을 넘어 온라인의 남성 전반으로 영향력을 뻗어갔다.

지금 자칭 페미니스트들이 노리는 건 일련의 사태를 페미니즘 사상을 가지고 있어서 욕먹는다고 둔갑시키는 거야. 저런 식으로 여론몰이해서 언론에서 피해자 행세를 하기 위해서지.

위에서 살핀 2018년 게시글의 뒷부분에 이런 인식이 잘 드러난다. 이 글의 요지는 실제로는 남성 소비자를 비하하는 가해자인 "자칭 페미니스트"들이 "피해자 행세"를 하기 위해 일련의 사태를 페미니즘에 대한 사상 탄압으로 정치화하여 진짜 피해자인 남성들을 가해자로 몰고 있으며, 이는 부당하다는 것이다. 결국 페미사냥을 여성혐오로 문제시하는 사회적 반응은 남성들이 표면적으로는 소비자라는 성별 중립적인 지위를 내세워 성차별 구조에 근거한 비판을 우회하게 했다. 그리고 동시에 억울한 피해자인 남성 정체성으로 결집하고 행동하게끔 했다. 이는 이후 '여성 창작자는 여성혐오의 피해자'라는 사회적 비판에 대해 페미사냥을 주동한 소비자들이 '페미의 남성혐오에 당한 피해자'라는 남성 소비자의 입장을 내세우는 반응으로 이어졌다.

여성학자 민가영은 신자유주의 통치성이 '피해' 관념을 전략적으로 전유하는 방식을 지적한다. 신자유주의 시대 보수 정부에서 성범죄로 인한 피해자의 고통을 강조하고 엄벌주의를 표방하는 양상을 사례로 들며, 젠더 폭력 문제에서 개별 피해 사실과 구제만이 강조될 때 성차별이라는 피해의 구조적 원인이 논의되지 않는다는 문제 제기다. 권력 구조의 맥락이 삭제된 '피해'는 단지 관심과 보상을 요구할 수 있는 정치적 자원이 된다. 이는 기득권 남성이 피해 관념을 정치 자원으로 이용하는 현실에서 확인된다.[17]

---

17 민가영, 「'피해' 개념의 재배치 시대에 여성주의적 개입을 위한 시론」, 《한국여성학》 제38권 제1호(2022).

페미사냥을 하는 남성 소비자가 여성 창작자를 공격하는 가해자라는 비판에 대응해 자신들을 '메갈'로 인한 피해자로 재규정하는 것은 이런 현실과 연관된다. 이들 소비자는 문제의 본질을 젠더 정치와 민주적 권리의 문제가 아닌 시장 거래의 문제로 바꿨다. 그러면서 시장에서 소비자로서 치른 값에 따른 합당한 대우를 받지 못하고, 창작자에게 무시당해 상처 입은 피해자의 지위에 자신을 위치시켰다. 여성혐오와 그에 대한 저항이라는 구조적 맥락이 사라진 이러한 담론에서 창작자는 그저 감정적 폭력을 저지른 가해자로 남게 된다.

억울한 남자들이 기댈 곳

페미사냥을 사상의 문제가 아니라고 할 수 있을까? 억울한 피해자임을 주장하는 남성들은 자신의 피해를 구제해 줄 정당성과 힘을 찾았다. 그것은 바로 오직 객관적인 이윤에 따라서만 움직인다고 상정되는 시장과 기업이었다. 이들에게 기업은 이미 페미가 침투하여 여성들 편만 든다고 상정되는 '정치적' 세력과 구별되는 믿을 만한 존재였다.

외주를 줬더니 알고 보니 반사회적 단체의 반사회
적 주장에 동조하는 인간이고 이걸 고객들이 알아
차려서 매출 폭락으로 이어질 수 있는 상황에 계약
파기를 한 게 부조리라고 ××× 순간에 너는 자유
민주주의와 법치주의 자본주의 셋 다를 한큐에 부
정한 거야 가방끈 짧은 ×아[18]

2018년 게임계 페미사냥 당시 쓰인 한 게시글
은 기업이 페미로 지목된 창작자와 계약을 파기한
상황에 대한 "알기 쉽고 속 시원한 정리"라며 다
른 커뮤니티의 댓글 캡처 이미지를 공유했다. 여기
서 기업의 부당 해고는 "매출 폭락"을 방어한 행위,
즉 이윤을 추구한 합리적인 행위로 설명된다. 그러
면서 이를 비판하는 페미니스트는 자유민주주의
와 법치주의, 자본주의를 부정하는 것이라 비난한
다. 페미니스트를 무지한 존재로 깎아내리기 위해
갑작스럽게 동원되는 거대한 체제들. 짚고 넘어가
야 할 사실은 이 세 가지 체제를 절대적인 원리로
맹신하는 태도에 이미 극우적인 정치 '사상'이 깔려

18   육식인, 「알기 쉽고 ×× 속시원한 이번 메갈 사태 정리」, 루리웹
      소녀전선 게시판, 2018년 3월 22일. 현재 이 글은 삭제되었다.

있다는 점이다.

　남성 소비자가 자신의 요구를 받아주는 기업에 매달릴 때, 부당 해고까지 서슴지 않는 기업의 방만한 자유와 이윤 추구 행위는 당연한 일로 지지받는다. 성차별적인 기업의 관점에서 페미사냥은 여성혐오를 개선하고 더 평등한 사회를 만들기 위한 사회적 비용을 지불하라고 요구하는 이들을 주 소비자 요구에 부응한다는 명분으로 치워 버릴 구실이 된다. 또한 그렇게 책임을 회피하고도 피해자 위치에서 남성 소비자와 나란히 설 수도 있다. 이러한 정치적 입장을 가진 기업은 억울한 남자들을 기꺼이 품에 안을 것이다.

　한편 페미사냥에 동조하는 이들이 페미사냥을 설명할 때 곧잘 이런 수사가 등장하곤 한다. 페미사냥은 일부 극단주의자들이 일으킨 논란에 무고한 일반인이 피해를 보면서 벌어졌다는 수사. 가령 GS25 집게손 사태를 설명하는 일요시사 유튜브 영상이 "전국의 편의점 점주님들 힘내세요."라는 문구로 마무리되거나,[19] 넥슨 집게손 사태에 대

19　일요시사 유튜브, 「'GS 행사포스터'에 분노하는 이유(feat. 메갈)」, 2021년 5월 7일.

한 이상헌 전 국회의원의 입장문이 "이 일로 한시도 쉬지 못하고 근무 중인 게임사 직원분들…… 고생 많으시단 위로의 말씀 전합니다."라는 말로 끝나는 식이다.[20]

이런 입장을 내세우는 주체들은 젠더 정치에서의 위치를 드러낼 위험 부담 없이 중립을 주장하면서도 피해자에게 공감한다는 구실로 도덕적 정당성을 취할 수 있다. 그러나 기울어진 젠더 구조 위에서 말하는 중립은 과연 어떤 정치적 효과를 낼까? 어느 한쪽의 편을 들게 되는 중립이 정말 중립일까?

결코 무시당해 본 적 없는 남자들

앞서 정치적 소비자운동이란 어떤 사회적 가치를 추구하기 위해 소비자로서 영향력을 이용하는 것이라고 설명했다. 따라서 이러한 운동은 자연히 그 정치적 지향이 옳은지에 대한 사회적 논의를 불러일으키며, 이를 통해 평가받는다.

---

20   이상헌 블로그, 「이번 '뿌리' 사태는 진영과 사상의 문제가 아닙니다.」, 2023년 11월 29일.

사냥꾼들이 주장하는 대로 페미사냥이 사상이 아닌 소비자운동의 문제라면 나는 이 점을 꼭 짚고 싶다. 페미사냥에서처럼 특정 소비자 집단의 감정과 지위 존중 자체가 운동의 요구 사항이 되고 그 요구의 근거가 소비자가 낸 비용일 때 요구의 정당성은 제대로 논의될 수 없다고. 단지 소비자가 낸 비용이 요구에 비해 충분한지만 논의될 뿐, 그 요구에 따른 사회적 비용과 피해는 철저히 무시되고 만다고.

　　소비자주권이라는 개념은 소비자 또한 시장을 구성하고 존속시키는 일원이며 행사할 권리가 있다는 외침에서 비롯된 것이다. 이 외침은 거대자본과 국가권력에 피해당하고도 합당한 책임을 묻지 못한 힘없는 소비자들에게서 시작됐다. 한국의 대표적인 소비자운동 사례인 가습기살균제 참사 기업 불매운동을 떠올려 보라.[21] 그러나 페미사냥을 벌이는 남성 소비자 집단은 저항하는 소비자 정치의 담론을 맥락 없이 가져다 쓰며, 소비자 일반과 마찬가지로 시장에서 구조적 약자의 위치에 놓

21　가습기살균제 참사 피해자 운동의 역사를 기록하고 과학과 정치가 맞물리는 장을 연구한 책으로 박진영, 『재난에 맞서는 과학』(민음사, 2023) 참조.

인 여성 노동자를 공격하는 수단으로 활용했다.

묻고 싶다. 사람 밥줄을 끊어 놓고 그걸로 비
판 당하고 기분이 좀 상한 것이 뭐가 그렇게 아픈
피해냐고. 여성들이 여혐 불매운동을 벌일 때, 남
성 대중과 기업은 생계의 심각성을 들어 문제 제
기의 대상이 된 남성을 옹호했다. 여성혐오 언행은
누군가의 생계를 박탈해야 할 정도로 큰 문제는 아
니라는 주장이었다. 손희정은 이러한 맥락에서 "여
성의 존엄과 그에 따른 생존권은 남성의 재산권과
동일한 선상에서 논의된다."[22]라고 지적했다.

창작자가 '메갈'이 아님을 증명하라는 자기들
말을 들어주지 않았다고, 창작자가 '페미'가 싫으면
자기 만화를 보지 말라고 했다고 그토록 굴욕감을
느껴 소비자로서 각성했다면, 그리고 그 지위를 취
약한 창작자에게 보복을 가하는 데에 썼다면? 혹시
무시당한다는 것이 무엇인지 전혀 모르고 있는 것
아니냐고, 나는 그들에게 진심으로 묻고 싶다.

22   손희정, 앞의 책, 90쪽.

5장

시장 논리가 가린 진실

글에도 표정이 있다. 날것의 생각을 내보내기 마련인 온라인 커뮤니티 게시글은 더욱 그렇다. 2016년부터 지금까지 페미사냥과 관련된 온라인 텍스트를 분석하며 나는 시기별 사건을 대표하는 표정을 떠올릴 수 있게 되었다. 당황과 얼떨떨함, 분노가 비웃음과 이죽거림으로 점차 변해 가는 모습을. 그건 꽤 절망적인 그림이다.

이제까지 살펴본 페미사냥의 주동자들은 주로 열성적인 서브컬처 소비자와 반페미니스트였다. 문제를 처음 제기하고 다른 소비자를 선동하며 전략을 짠 그들은 자신이 좋아하는 상품과 문화로부터 페미를 쫓아냄으로써 대중문화와 온라인 공간에서 주도권을 유지하고자 적극적으로 나섰다. 그

러나 이러한 소수만으로는 페미사냥이 지금과 같
은 힘을 발휘할 수 없었다. 소수의 주동자 뒤에는
무리 지어 동참한 다수가 있었다. 이들은 왜, 무엇
을 노리고 페미사냥에 따라나섰나?

사냥의 증거가 가져다준
작은 관심

페미사냥이 쥐여 주는 가장 큰 보상은 관심이다.
특히 내집단에서 소속감을 확인하고 다른 구성원
에게 인정받으려는 욕망은 페미사냥을 움직이는
핵심 동력이었다.

　　페미사냥에서 게임에 쏟아부은 돈의 총액이나
웹툰 플랫폼 코인 충전 기록, 콘텐츠 구매 이력 등
자신들의 소비를 증명할 수 있는 증거를 인증하는
일은 주요한 행동 전략 중 하나였다. 그런데 페미
니스트를 자처한 대중적인 페미니즘 운동과 달리
이런 인증 릴레이는 기업의 소비자 창구도, 공개된
소셜미디어 공간도 아닌 남초 커뮤니티 내부에서
이루어졌다. 페미에 적대적인 소비자들은 다른 누
구보다 커뮤니티 구성원들의 인정을 구했다. 자신
들의 소비자 지위를 인증함으로써 발언권을 얻고,

세력을 확인하며 과시하기 위해서다.

인증은 단지 소속감만을 확인하는 수단이 아니었다. 높은 구매력을 증명한 사용자, 그간 아무리 큰돈을 썼더라도 페미(메갈)와 연관된 상품은 '손절'하겠다는 과감함을 드러낸 이는 사냥꾼들 사이에서 주목과 인정을 받았다. 레진코믹스 환불 및 탈퇴 사건의 일례를 들면, "300코인 정도만 썼을 줄 알았는데 세 보니까 900코인 넘어가네. 탈퇴하면 관심 좀 받냐?"라는 게시글에 "뒤집어지지", "엎드려서 빨아 줌"이라는 댓글이 달리는 식이다.[1] 이런 고액 소비 인증 게시글에는 추천 수를 올리는 조직적인 움직임이 이뤄지기도 했다. 대부분의 온라인 커뮤니티는 추천 수가 높은 게시글을 인기 게시판으로 따로 분류하여 더 많은 이용자에게 노출하는 시스템을 운영하는데, 이러한 시스템을 통해 페미사냥의 영향력을 확산하려 한 것이다.

페미사냥에 적극적으로 참여하는 일이 남초 커뮤니티에서 주목받을 수 있는 자원이 되자 관심 그 자체를 목적으로 삼는 사용자도 늘었다. 이들은

---

[1]   결호, 「300코인정도만 썼을 줄 알았는데 세보니까 900코인 넘어가네」, 디시인사이드 웹툰 갤러리, 2016년 7월 21일.

'개념글'(인기 게시글)로 등록되고 싶어서 페미사냥에 동참했다. "레진에는 한 2만 원 정도 썼고, 5코인 남아서 아깝긴 한데 개념글 가려고 일부러 탈퇴까지 했다. 개념글 좀 보내 주라 ○○".[2] 이러한 경향은 페미사냥이 과열되며 더욱 강화되는 양상을 보였다.

한편 2016년 이후 남초 커뮤니티에서 페미가 문화 시장 곳곳에 침투해 있고 이를 색출해야 한다는 믿음이 공고해지면서 창작자를 적극적으로 검증해야 한다는 요구도 커졌다. 이에 따라 창작자의 소셜미디어를 사찰해 페미의 증거를 발굴하는 심화된 사상 검증이 나타났다. 아직 실체가 드러나지 않는 페미를 찾아내려는 더 극성맞은 방식의 놀이. 이처럼 페미 색출이 남성 집단의 관심을 끄는 자원이 되면서 페미의 증거라고 주장되는 표현의 범위는 한층 확대되었다. 여성 노동자들은 넥슨 보이콧에 참여한 웹툰 작가와 대학 동문이라는 이유로, 한남이라는 표현을 사용한 적 있는 이용자와 트위터 멘션을 주고받았다는 이유로, 불법 촬영을 비판

2   caliroll, 「나도 레진 탈퇴했다 개념글 좀 올려 주라」, 디시인사이드 웹툰 갤러리, 2016년 7월 21일.

하는 해시태그 운동 게시글에 '좋아요'를 눌렀다는 이유로 페미라 지목되었다.

이때 특히 주목할 만한 지점은 이런 상시적인 감시의 대상이 여성이었다는 사실이다. 사냥의 표적인 페미는 늘 비정상적 여성 집단과 동일시되었다. 이런 비상식적인 놀이에 반기를 드는 남성 사용자는 없었을까? 페미사냥을 비판한 남성이 다수였음에도 이러한 남성은 여성에게 선동당했거나 다른 남성의 말을 듣고 전향할 수 있는 존재로 여겨졌다. 전향하지 않는 남성은 그의 남성성을 부정하거나 폄하함으로써 치워졌다. 그리고 페미사냥을 비판한 남성을 넘어 그를 '선동'했으리라 여겨지는 주변 여성이 새로운 검증 대상이 되었다. 이런 과정에서 여성 노동자는 일터의 지지집단을 잃고 고립되며 공격에 그대로 노출될 수밖에 없었다. 페미사냥은 문화 시장에서 여성 노동자를 표적화하여 그들의 노동 환경을 악화하는 엄연한 젠더 문제였다.

갓겜 유저가 되는 방법

페미사냥을 통해 얻는 관심과 인정은 개인 차원에서만 이뤄지지 않았다. 자신이 속한 소비자 집단 전반의 평판도 중요한 동인이었다. 서열화가 놀이로 통용되는 남초 커뮤니티에서는 콘텐츠 상품의 급을 메기고 해당 콘텐츠의 소비자에게 그 위계를 그대로 적용하는 문화가 있다. 남초 커뮤니티의 게임 이용자 사이에서는 '갓겜'과 '망겜'의 위계가 통용된다. 인터넷 서브컬처에서 갓겜이란 신에 비견될 만큼 좋음을 뜻하는 '갓(god)'이라는 접두어와 게임의 준말이 결합된 용어로 게임성, 게임 운영, 이용자 수와 팬덤 규모, 인지도와 영향력 등에서 좋은 평판을 지닌 게임을 말한다. 이와 반대로 망겜(망한 게임)은 평판이 나쁜 게임을 뜻한다.

평소 망겜 이용자는 돈과 애정을 허투루 쓰는, 게임사에 '호구 잡힌' 어리석은 이들로 비하당했다. 그런데 페미사냥이 상시화된 뒤부터 사냥의 성공 여부가 갓겜과 망겜의 평판을 뒤집을 수 있는 유력한 요인으로 기능하기 시작했다. 남초 커뮤니티에서 페미 배제 요구를 수용한 게임은 평판이 수직 상승했다. 남성 소비자를 주 소비자로 존중하고, 소비자 지향적인 결정을 내렸다는 점에서 이들 작품은 갓겜이라 할 만했다. 남성 게임 이용자들은 점차 어떤 게임을 판단하기 전에 '메갈을 미리 쳐냈는지', 메갈 문제를 잘 관리하는지를 묻기 시작했다.

페미니스트를 배제함으로써 갓겜으로 평판이 치솟은 가장 극적인 사례는 게임 「소울워커」 사건이다. 2018년 게임계 전반에서 페미사냥이 이어질 때 「소울워커」는 제작진이 먼저 나서 페미로 지목된 창작자의 작업물을 교체하고 게임 내 인력을 검증하겠다는 공지를 올렸다. 같은 시기 「클로저스」가 페미 논란에 대해 사과만 하고 창작자를 해고하지 않자 이러한 결정에 반발한 이용자 다수가 「소울워커」를 향했다. 일본 투디 애니메이션과 비슷한 그래픽 효과로 캐릭터를 표현하는 오타쿠계 서브컬처 게임이라는 공통점에서 두 게임의 수요층은 상당히 겹쳤다. 「클로저스」 이용자가 이탈함에 따라 「소울워커」의 검색어 순위와 이용자 수, 피시방 점유율 순위 등이 급상승했고, 동시 접속자가 많아지면서 게임사가 긴급히 게임 서버를 증설하기도 했다.

많은 남성 이용자에게 이 사건은 "섭종각 세우던" 게임의 승리 서사로 이해되었다. '서버 종료 위기에 놓일 정도로 게임 매출이 저조했던 망겜이 주 소비층의 요구를 받아들임으로써 경쟁 게임을 누르고 흥행에 성공하다.' 페미사냥 소비자들은 이런 성공 서사에 이입하며 열광했다. 「소울워커」가 "갓 겜으로 날아오르고" "떡상"했다는 환호가 이어졌다.[3] 「소울워커」 이용자들은 '소울워커'가 디시인사이트 갤러리 검색 순위 1위를 기록하는 등 자신들의 게임이 주목받고 흥행 지표가 상승하는 모습을 실시간으로 공유하며 성취감을 만끽했다. 페미를 완전히 축출해 내지 못해 망겜·메갈겜 이용자의 지위로 추락한 다른 게임 이용자들로부터 갓겜 타령하는 갓겜충이라는 질시를 받을 정도로 기세등등한 모습이었다.

어떤 콘텐츠가 페미사냥에 성공하면서 커뮤니티 내 평판이 급변하는 상황은 해당 콘텐츠의 소비자뿐 아니라 이를 관전하는 이들에게도 사냥에 참전할 동기를 불어넣었다. 평판이 뒤집히는 사건 자

---

3   존버, 「공지 떳다 ××!!!!! 우리 갓겜 날아올라요」, 디시인사이드 소울워커 갤러리, 2018년 3월 25일; VFX, 「소울워커 떡상하는 만화」, 디시인사이드 소울워커 갤러리, 2018년 3월 28일. '떡상'은 상품이나 주식 등의 투자가치가 오르는 현상을 일컫는 말이다.

체가 서사적인 재미를 주는 데다, 그런 변화를 만든 남성 소비자의 영향력이 가시화되었기 때문이다. 더욱이 그 영향력이 '페미' 여성이라는 공통의 적에 맞서 결집한 결과라는 인식은 남성들에게 공동체적 쾌감을 불어넣었다. 온라인 남성들은 점차 즐거움과 정치적 효능감을 목적으로 페미사냥을 벌이고 참여하게 되었다.

남들의 소비가
내 것인 것처럼

갓겜 이용자로 부활하는 것과 망겜·메갈겜 이용자로 추락하는 것. 게임의 평판과 해당 게임 이용자 위계 변화가 서사적인 재미 이상으로 실질적인 효능감과 타격감을 준다고 할 때, 이러한 승패를 좌우하는 배경은 무엇일까?

　페미사냥을 하는 동안 인증되고 공유된 권력이 특정 커뮤니티나 소비자 집단에 한정되지 않은 남성 일반의 것으로 여겨졌음에 주목하자. 첫 장에서 소개한 페미사냥의 핵심 전제를 다시 가져와 본다면, 이들은 "시장에서 진정성과 영향력이 있는 주 소비자는 남성뿐이며, '페미'의 존재는 그런 남성 소비자의 권리를 침해하여 소비자 불만을 일으킨다."라고 믿었다. 온라인의 남성 이용자가 페미사냥을 통해 얻는 시장 권력은 시장의 본체인 남성에 반하는 '남성혐오자'를 퇴출해야 한다는 핵심 논리와 상호작용하며 서로를 강화했다.

2018년에 이르러 온라인의 남성들 사이에 남성 소비자의 권력을 과시하는 인증 행위는 양식화되었다. 소비 기간, 충실성, 소비 규모 등을 공유하는 남초 커뮤니티의 이용자들은 '진정성 있는 소비자는 남성'이라는 믿음을 확인했다. 이러한 믿음은 외부의 적을 향한 지속적인 사냥 행위와 게릴라를 얼마나 물리쳤느냐에 따른 인정 제도와 맞물려 굳건해졌다. 공동체로서 결속을 다진 커뮤니티에서 페미사냥에 힘을 더하는 일부 사례는 마치 남성 소비자 전체가 그러한 듯 공유되었다.

— RANKING 2%. ○○님은 소녀전선에서 90번째로 게임 결제를 많이 하셨습니다.
제 위에 아직 89명이나 있군요![4]

4   TheDulri, 「거 얼마나 질렀나 봅시다」, 루리웹 소녀전선 게시판, 2018년 3월 21일.

── RANKING 5%. ㅁㅁ님은 소녀전선에서 203
　　번째로 게임 결제를 많이 하셨습니다.
　　서버비 납부 무엇....
　　헤헷 한 700등 되겠지? 하고 봤는데..[5]

　　「소울워커」 사건과 거의 같은 시점에 발생한
「소녀전선」 사건 당시 남초 커뮤니티에는 위와 같
은 게임 결제액 및 순위 인증 게시글이 연이어 올
라왔다. 고액 소비를 하는 남성 오타쿠가 「소녀전
선」의 주류 이용자인 것은 분명하지만 커뮤니티
의 모든 사람이 고액 소비를 하지는 않았을 것이
다. 자랑스레 내보일 만큼 돈을 많이 쓴 이들만 인
증 게시글을 올렸을 테니 말이다. 고액 소비자 모
두 페미사냥에 동조했을 리도 없다. 당장 「소녀전
선」 이용자였던 내 주변에만 해도 위의 인증과 비
슷한 규모로 소비한 친구들이 있었고, 그들은 페미
사냥을 비판하며 게임을 끊었다. 하지만 '진짜 고
액 소비'가 남성 주류인 커뮤니티에 올라온다는 사
실은 곧장 남성 구매력의 증명으로 받아들여졌다.

5　　CloudWind, 「이야!!!!! 내가 대주주다아아아아아아아」, 루리
　　웹 소녀전선 게시판, 2018년 3월 22일.

즉 인증을 올린 일부 고액 소비자는 남성 소비자로, 일부 소비자의 구매력과 진정성은 남성 전반의 특성으로 일반화되며 페미사냥에 힘을 실었다.

> 딱 봐도 이런 각인데 말입니다. 황금알을 계속 낳아 줄 거위를 [일러스트레이터] 하나 때문에 배를 가르려고 칼을 들었다 놨다 하네요. (……) 이천만 원 넘게 지른 친구도 환불할 준비 중이라고 톡 왔고(이 친구는 페미 때문에 법정 갔음) 저도 얼마 지르진 않았지만… 30 정도 질렀나… (비키니 나올 때를 대비해 저축 중이긴 하지만) 일단은 무과금으로 지켜보고 있어야겠습니다. 환불 기간은 충분하니 뭐 어떻게 되나 보죠.[6]

윗글의 작성자는 자신이 하는 게임의 운영진이 페미를 퇴출하지 않을 시 60억 원의 수익이 증발할 것이라고 주장한다. 글쓴이는 해당 게임의 전체 예상 매출 지표를 예측의 근거로 삼는데, 그의 추정이 맞으려면 게임의 실질적인 수익이 '페미에

---

6   라르간드, 「일러레 하나 퇴출 vs 60억원 이상 수익 증발」, 루리웹 소녀전선 게시판, 2018년 3월 22일.

반감을 가진 남성 소비자'에게서만 나온다는 또 다른 증거가 필요하다. 부실한 논리에도 2000만 원이라는 고액을 쓴 소비자가 환불에 나설 것이라는 증언이 그의 믿음을 강화한다.

　이 주장들에 합리적이고 실제적인 근거는 없다. 그러나 남성 소비자들의 놀이가 된 인증 행위는 30만 원 정도를 썼다는 작성자도, 심지어 한 푼도 쓰지 않은 소비자조차도 오직 남성이라는 동질감만으로 2000만 원을 쓴 소비자인 양 굴 수 있게 해 주었다. 훨씬 중요한 사실은 기업이 이런 실체 없는 주장 앞에 알아서 엎드렸다는 점이다. 이는 남성이 주 소비자라는 신화가 기업에도 통용되었기 때문이리라. 혹은 그 신화를 따르는 의사결정자의 등을 살짝 밀어줄 구실이 필요했던 것일지도 모르겠다.

우리 편이 늘다

내가 속한 세력의 힘을 확인하고 이것이 이기는 싸움이라는 확신이 들 때, 페미사냥에 참여하는 주된 정서는 분노에서 즐거움으로 바뀐다. 공적 권위를 가진 데다 여성 노동자의 생계를 손에 쥔 기업이 사냥 행위에 동조한 일은 이러한 확신에 강력한 뒷받침이 되었다.

앞서 밝혔듯 페미사냥의 소비자 행동은 기업의 남성 결정권자가 같은 남성으로서 페미에 반감을 품으리라는 전제를 둔다. 기업이 남성으로서의 본심을 대놓고 내놓지 못하는 까닭은 기업이라는 공적 속성, 제도적 규제와 비용 때문이라는 합리화가 자연스럽게 뒤따랐다. 그런 와중 제약을 깨고 페미를 적대하는 남성의 얼굴을 적극적으로 드러낸 기업의 사례가 발생했다. 이는 남성 소비자들의 세계관을 더 단단하게 만들었다.

「소울워커」 사건에서 소비자의 효능감은 기업과 상호작용하며 극대화되었다. 「소울워커」 운영진은 페미를 배제하겠다는 결정에 호응해 유입된 이용자를 적극적으로 호명했다. 이들은 신규 이용자를 환영하고 감사하는 이벤트를 열고 소셜미디어를 통해 이용자와 소통하겠다는 의지를 보였다. 이용자 수가 늘어난 화면을 앞에 띄워 놓고 "물 들어올 때 노를 젓는다"라며 덩실덩실 춤추며 기뻐하는 운영자의 사진을 공식 계정에 올리기도 했다.[7]

7 「소울워커」 페이스북 계정에서 올라온 이 게시글은 이후 삭제

기업이 구체적인 개인의 모습으로 나타나 페미사냥으로 인한 흥행에 기뻐한다. 남성 소비자에게 이는 기업이 자신과 같은 이해와 정서를 공유하는 공동체라는 친밀감과 그에 기반한 즐거움을 선사했다. 이용자와의 적극적인 소통을 약속한「소울워커」운영진은 페미사냥을 비판하는 이용자 의견에는 반응하지 않았다. 페미사냥의 지지자만이 기업과 소통 가능한 소비자로 인정받았다. 남성 개인의 모습으로 상정되는 기업은 친근한 평가 대상이자 농담거리가 되기도 했다.「소울워커」흥행으로 모두가 신이 난 가운데 한 이용자는 페미 노동자를 해고하지 않아「소울워커」에게 이용자를 뺏긴「클로저스」운영자를 "옆동네 바보형"이라고 지칭하며 조롱하기도 했다. 그렇다면 이들 소비자에게「소울워커」운영진은 '우리 형'이었을 것이다.[8]

동시에 유저들의 '소울워커' 살리기도 시작됐다. (……) 여기에 운영진들은 늦은 시간까지 유저들과 소통하는 등 다양한 이벤트로 화답했다. (……) 선

되었다.

8   ○○(익명), 「섭종각 세우던 소울워커를 구해 낸 사람.jpg」, 디시인사이드 소울워커 갤러리, 2018년 3월 26일.

물의 규모가 커지자 스마일게이트는 감사의 메시지를 남겼다. 그리고 유저들에게 받은 선물을 어려운 이웃과 나눴다. (······) 유저들이 또다시 움직였다. 그들은 '우리가 가만히 있을 수 없다'며 해피빈을 통한 모금에 나섰다. 4월 첫째 주 시작된 모금은 현재 5190명(12일 오전 12시 기준)을 넘었고 후원금은 5243만 원을 돌파했다.[9]

기업과의 친밀감을 확인한 이용자들은 급기야 운영진에게 홍삼, 과일 등을 보냈고, 운영진은 받은 선물을 미혼모 복지 시설에 기부했다. 이러한 소식은 이용자의 기부 인증 릴레이로 이어졌다. 일부 IT·게임 언론과 경제지는 이를 소통 경영과 소비자의 선한 영향력을 보여 준 사례로 소개했다. 이렇게 페미사냥은 남성 소비자와 기업이 페미를 퇴출하고 기부를 하는 공동의 사업으로 탈바꿈해 사회적 인정을 받게 되었다.

2020년 인디게임 「크로노 아크」 사례에서는 운영진이 페미 논란에 대한 사과문을 남초 커뮤니

---

9   윤진우, 「메갈 논란부터 기부까지······ '소울워커' 역주행의 의미」, 《한국경제》, 2018년 4월 12일.

티에 직접 올리기까지 했다. '도게자'[10]라고 하는, 대표 개발자가 머리를 박고 절하는 사진과 함께였다. 진지하고 공적인 사과를 했다기보다 인터넷 하위문화의 유머를 구사한 것에 가깝다. 「크로노 아크」 운영진은 기업의 대표이면서 남초 커뮤니티 문화를 아는 내부자였다. 이러한 기업의 태도는 게임 업계가 페미사냥 소비자와 한편이라는 감각을 구성했다.

　　게임 이용자인 자신과 비슷한 정체성과 정서를 공유하는 '우리' 중에 게임 업계에서 영향력을 발휘하는 이들이 포함되어 있다는 사실. 이러한 공동체의 확인은 페미사냥의 정당성과 성공 가능성에 대한 소비자들의 확신을 더했다. 시장에서 다른 위치에 선 동조자를 발견하고 그 힘을 확인하는 데서 오는 즐거움은 또 다른 페미사냥을 벌이는 원동력이 되었다.

10　　사죄의 표시로 바닥에 엎드려 머리를 박고 절하는 행위를 뜻하는 일본어. 우리나라에서는 남초 커뮤니티에서 주로 사용된다.

부정 행위자를 응징하라

2018년 3월 게임계에서는 불과 한 달 사이 적게 잡아도 여섯 건의 페미사냥이 연속적으로 발생했다. 이미 사회적으로 반페미니즘 인식이 만연해지고 페미사냥 소비자가 세력화한 뒤였기에, 기업이 수세적인 반응을 보이며 소비자의 감정을 달래는 경우가 늘었다. 실제로 노동자를 배제할 것인지 말 것인지와 별개로 페미 논란은 잘못이고 사죄해야 할 일이라는 인식과 태도가 널리 퍼진 것이다. 이 당시 기업과 피해노동자의 공지문에는 "몇 번이라도 사과", "후회하고 반성", "주제넘었습니다"와 같은 표현이 등장한다.

인기 창작자와 기업의 의사결정자가 굴종하는 태도는 소비자에게 강력한 권력감을 느끼게 했다. 특히 여성 창작자가 페미의 증거로 지목된 행위에 대해 후회하고 반성하는 모습에서 남성 소비자들은 자신들의 권력을 통해 여성의 사상과 실천을 교정할 수 있다는 자신감을 갖게 했다. 상황이 이러하다면, 메갈리안의 등장과 여성혐오에 대한 사회적 저항으로 인해 조성된 남성의 불안은 페미사냥을 통해 얼마든지 통제될 수 있었다.

다수의 기업이 페미 논란에 사과하면서 페미 사냥을 통한 요구가 도덕적으로 정당하다는 남성들의 확신 또한 커졌다. 집단으로 타자를 공격하고 굴복시키는 즐거움에 도덕적 당위까지 얻어 낸 것이다. 2010년대 이후 온라인 유머에서 '참교육'[11], '정의 구현'[12]과 같은 서사가 유행한 일이 보여 주듯, 혐오 대상에 대한 사적 제재와 응징이 낳는 쾌감은 온라인 문화의 즐거움에서 주요 자원이 되고 있다. 이러한 문화를 타고 남초 커뮤니티에서 페미를 도덕적으로 징벌하는 페미사냥의 서사가 빠르게 확산했다.

소비자로서의 영향력을 통해 페미를 응징할 수 있게 된 점은 이러한 서사에 특별한 즐거움을 주었다. 여성을 비롯한 소수자에 대한 혐오 담론이 온라인에 이미 만연해 있었기 때문이다. 온라인의 남성들은 여성과 소수자가 자신들이 갖지 못한 보호 조치 등의 제도적 특권을 업고 있다고 여겼다.

11 2010년대 중반 이후 유행한 온라인 하위문화의 은어. 주로 위계를 무시하거나 도덕적 결함이 있다고 여겨지는 대상을 권력과 폭력을 동원해 응징하고 교정하는 일을 가리킨다.
12 도덕적 정당성을 가진 약자가 악한 강자를 징벌하는 행위를 이른다.

특권을 가진 여성과 소수자는 부정한 일을 저지르더라도 합법적으로 처벌받을 수 없다는 것이다. 이들을 향한 박탈감과 복수심의 정동은 물리력이나 자본력과 같은 사적 수단을 통해 부정 행위자에 대한 우위를 되찾는 서사를 좇도록 추동했다. 페미사냥은 이 욕망에 정확히 부합했다.

페미사냥의 주동자들은 스스로 도덕적 우월함을 주장하는 담론을 만들어 내기도 했다. 예의 「소울워커」 사건에서 게임사와 이용자가 합동으로 기부를 벌일 때 기부처가 미혼모 복지시설이었다는 점은 특기할 만하다. 이들은 여성을 위한다고 주장하는 페미니스트가 애꿎은 여성들을 선동해 일자리를 잃게 만드는 반면, 여성 혐오자라고 비난받는 게임사와 남성 이용자들은 실제로는 어려운 처지의 여성들에게 기부한다는 서사를 만들었다. 위선의 폭로와 아이러니라는 재미 요소를 가진 사냥 서사는 페미니즘이 실제로는 여성에게 해롭다는 반페미니즘 담론과 어울리며 퍼졌다. 이와 비슷하게 2023년 넥슨 집게손 사태에서는 협력업체 여성 노동자를 공격하는 페미사냥 요구를 수용한 기업의 결정을 지지한다며, 게임 이용자 일부가 넥슨 어린이병원에 기부 릴레이를 벌이기도 했다.

유머 콘텐츠가 된 페미사냥

페미사냥을 재생산한 또 하나의 매개는 온라인 유머 문화다. 페미사냥의 전 과정과 관련된 감정은 주로 짤방을 통해 표현되었다. 반페미 소비자 집단이 만든 짤방은 유머를 제일의 가치로 삼는 온라인 놀이문화를 경유해 커뮤니티 바깥으로 널리 퍼져 나갔다.

2016년 넥슨 성우 교체 사건 때는 「클로저스」 총괄 피디의 얼굴과 제갈공명의 상반신 이미지를 합성한 짤방이 제작되었다.[13] 이 이미지는 「클로저스」 피디가 논란을 기회 삼아 숨은 메갈을 퇴출하고 게임의 평판을 높였다는 주장을, 바람의 방향을 바꾸어 전쟁에서 승리한 제갈공명의 일화에 빗대어 전한다. 「무한도전」과 마찬가지로 남초 커뮤니티의 유구한 유머 소재로 쓰이는 『삼국지』 속 이야기를 페미사냥 상황에 활용한 것이다.

같은 구도의 짤방은 이후의 사냥에서도 지속적으로 패러디되었다. 「클로저스」 때와 마찬가지

---

13   다랑어a, 「이쯤에서 다시 보는 그분」, 디시인사이드 웹툰 갤러리, 2016년 7월 24일.

로 운영진이 페미 노동자를 교체하는 조치를 기대하거나, 이와 유사한 상황에서 느끼는 즐거움을 공유할 용도에서다. 2년 뒤인 「소울워커」 사건 때도 게임사 대표와 제갈공명을 합성한 짤방이 만들어졌다.[14] 페미사냥이 한창일 때 이러한 짤방을 접한 커뮤니티 이용자는 다른 구성원처럼 웃기 위해 짤방이 표현하는 페미사냥에 대한 관점과 정서를 학습하게 된다.

짤방을 경유한 유머의 역할은 남성 소비자의 주된 정동이 변하며 한층 강화되었다. 사냥의 효능감과 집단 행동 경험이 가져오는 즐거움이 커짐에 따라, 페미사냥의 행동 양식에서 유머와 재미를 추구하는 요소는 더욱 늘었다. 2020년 5월 발생한 「가디언테일즈」 사건 당시 한 이용자는 게임 공식 카페에 도배된 글의 제목을 캡처해 커뮤니티 사람들과 낄낄대며 웃는다.

저 광주대학교 다니는데 비하하시는 건가요?

---

14   ○○(익명), 「호다닥 대표님 모셔왔다」, 디시인사이드 소울워커 갤러리, 2018년 3월 26일.

광주대 비하는 선 넘었지[15]

    이 사건은 게임 대사 중 여성을 비하하는 욕설인 "이 걸레년이"를 "이 광대 같은 게"로 수정한 조치에 대해 이용자들이 반발하며 발생했다. 광주대학교, 비하, 사람이 드러누운 이모티콘이 사건과 무슨 관련일까?

    공식 카페를 도배한 이용자는 수정 조치에 대한 반발을 드러내려 눕는 이모티콘을 사용했다. 온라인 남성들이 게임 운영이나 스포츠 플레이 등에 불만이 있을 때 항의하겠다는 의미로 쓰는 이 이모티콘은 '수틀리면 단체로 드러누워 버리겠다'는 남초 커뮤니티의 유머 코드로 통용된다. 또한 게임 제작사에게 '걸레'가 여성혐오 표현이어서 수정했다면 광대를 욕설로 사용하는 것은 광대라고 불리는 광주대를 비하한 것이니 수정해야 하지 않느냐며 비꼬고 있다. 이러한 도배 폭격은 한 장의 이미지로 다른 커뮤니티에 퍼져 "광대 비하는 선 넘었지"라는 맞장구로 이어진다.

---

15   ㄱㄴㄷ, 「공카 웃긴새끼들 많네 ㅋㅋㅋ」, 디시인사이드 가더언 테일즈 갤러리, 2020년 8월 2일.

사실 짤방과 말장난에 어울려 웃는 사람들은 이러한 주장을 진지하게 여기지 않는다. 떠도는 말들을 반드시 기업에 관철하려는 것도 아니다. 기업이 응당 페미 논란에 응답하고 사과해야 한다는 인식이 일반화된 뒤로는, 남성 소비자에게 사냥의 구체적인 내용은 그리 중요하지 않은 문제가 되었다. 지금의 페미사냥은 남성 중심 커뮤니티의 즐거움을 위한 하나의 오락거리다. 같은 유머 코드를 공유하는 문화 공동체가 유지되는 한 이 놀이는 끝없이 동력을 공급받을 것이다.

그 웃음을 끝내려면

사람들을 페미사냥으로 끌어들이는 것은 페미사냥을 통해 확인되는 권력이다. 페미사냥에 참여하는 대다수는 단지 효능감과 즐거움을 공유하려고 페미 색출과 공격에 동조했다.

페미사냥이 소수의 '오타쿠'와 반페미니스트의 전유물일 때 이는 일부의 일탈 행동에 불과했다. 그러다가 기존의 남성 중심 문화와 맞닿게 된 페미사냥은 각기 다른 방향에서 다수의 동조자를 불러왔다. 시장경제의 진짜 주체인 남성 소비자라는 자의식을 지키려는 이용자, 그러한 소비자에 반응한 기업, 페미 노동자의 퇴출을 옳다고 보고 쾌감을 얻는 사람들, 이 모든 과정을 유머 코드로 만들어 퍼뜨린 사람들까지. 모두가 웃고 있다면 이는 더 이상 일탈이 아니다.

그러나 페미사냥이 단지 놀이라면 이는 사상 누각이기도 하다. 페미에 반대하는 남성은 막강한 권력을 가진 주류다, 그러므로 계속해서 승리할 수 있었다, 승리했기에 페미사냥은 정당하다는 빈약한 근거 위에 겨우 세운 누각 말이다. 따라서 페미사냥의 일원에게 '이기는 싸움'이라는 신화를 만들고 유지하는 일은 무척 중요했다. 새로운 페미 논란이 발생할 때면 적극적인 사냥꾼들은 이전 사례 가운데 기업이 페미사냥 요구를 수용해 승리한 경우를 모범 사례로 의미화했다. 그렇게 다른 소비자를 조직하고 힘을 키워 기업과 협상하려 했다.

— 그렇게 개돼지 운영 소리 듣던 넥슨은 클로저스 성우 사건 때 가차 없이 뿌리 자르고 갓겜 소리 들었습니다. 〔소녀전선〕이 메갈 일러레 쳐내지 않고 그대로 안고 가는 순간 메갈 전선 확정입니다. 개돼지와 메갈의 혼종이라니 정말 멋지

군요!¹⁶

— 〔데스티니 차일드〕의 황금기, 메갈이 터지자마
자 발 빠른 대처로 논란을 잠재운 적이 있었죠.
정말 이때 갓게임 칭찬이 자자했는데, 이번 일
을 잘 처리한다면 이 급으로 칭찬해줄 수 있습
니다. 물론 데차는 그 후에 확률 조작 등등으로
이미지 개판났지만요.¹⁷

2018년 연속된 게임계 페미사냥 당시 작성된
위 게시글들은 넥슨 성우 교체 사건과 게임 「데스
티니 차일드」 일러스트레이터 교체 사건을 모범 사
례로 소환한다. 그런데 여기서 페미사냥 요구를 수
용한 것이 기업에 도움이 됐다는 주장의 근거는
"갓겜이라는 소리"를 들었다거나 "갓겜이라는 칭
찬"이 자자했다는 기억 정도다. 우리는 페미사냥
소비자가 구성한 '승리의 역사'가 그들의 준거 집단
에서 관측 및 수집된 부분적 사실에 기반한다는 것

<hr/>

16   From_the_depths, 「개돼지 전선 vs 메갈 전선」, 루리웹 소녀전
     선 게시판, 2018년 3월 21일.
17   refu, 「이번 일, 제대로 조치된다면 데차급으로 칭찬해 줄 수 있
     습니다.」, 루리웹 소녀전선 게시판, 2018년 3월 21일.

을 알 수 있다. 다시 말해 승리한 페미사냥 담론은 남성 소비자 집단에서 페미사냥을 지지한 기억만이 반복적으로 호출된 결과일 따름이다. 지난 사례에서 여성 및 페미니스트 소비자가 더 큰 영향력을 행사한 경우나 기업이 페미사냥 요구에 응하지 않았음에도 경제적 성취를 이룬 사례는 관측되지 못하거나 그 의미가 폄하되었다. 이것이 바로 페미사냥에 관한 대안 사실이 구성되는 과정이다.

미디어학자이자 여성학자인 김수아는 한국 온라인 문화에 만연한 '팩트주의'를 분석한다.[18] 온라인 공론장에서 팩트라 불리는 파편적 정보의 집합이 근거로 제시되면 그것만으로 주장의 정당성이 입증되어 버린다는 설명이다. 페미사냥의 정당성을 뒷받침하는 팩트들은 어떤가. 기업이 페미사냥 요구를 받아들인 팩트는 곧장 남성 소비자들의 주장이 진실하다는 것을 담보하듯 여겨졌다. 하지만 이러한 팩트가 곧 페미사냥의 무결성을 입증해 주

---

18 김수아, 「지식의 편향 구조와 혐오: 국내 위키 서비스 '여성혐오' 논란을 중심으로」, 《미디어, 젠더 & 문화》 제35권 제1호(2020). 여기서 팩트란 온라인상에 떠도는 파편적 정보들을 일컫는다. 실제 사실을 드러내는 자료뿐 아니라 온라인상에 떠도는 증언, 주장도 팩트로 취급될 수 있다.

지는 않는다. 기업들의 반복된 승인은 단지 페미사냥에 관한 대안 사실이 대중적인 영향력을 미치도록 거들 뿐이다.

페미사냥이 이기는 싸움이라는 신화로 사냥꾼들의 힘이 커졌다면, 이기지 못한 이들은 어디로 갔을까? 그리고 이길 수 없을 때는 어떻게 되는 걸까? 이 장을 마무리하며 나는 페미사냥에 동조하는 남성 소비자 집단이 언급하지 않는 사례를 전하려 한다.

2016년 7월부터 규제 찬성 운동이 시작되었지만 여러 정부 기관이나 보수단체 등에 신고하는 등의 적극적인 움직임은 현실적 한계 및 타 업체들의 발 빠른 대처로 소강 상태에 접어들었으며, 결과적으로 웹툰 시장에도 별다른 영향을 주지 못했다.

정리하면, 실질적인 영향력이 없었을 뿐더러 논지 또한 대단히 빈약했던 실패한, 또한 성공했어도 안 되었을 운동이다. 실패한 이유에 대해선 기타 문단 참고. 요약하면 실제로 이 문제에 불만을 가지고 시간과 노력을 쏟은 사람은 적었다는 것. 단지 이들이 인터넷 커뮤니티나 나무위키 등지에서 활발히 활동하는 이들이었기 때문에 실제보다 문제가 심각하다

고 과장되어 보였던 것뿐이다.[19]

하나는 2016년의 예스컷 캠페인이다. 디시인 사이드의 웹갤에서 주도한 이 캠페인은 만족할 만 한 성과를 내지 못했다. 남성들은 웹갤 이용자에 게서 패배의 원인을 찾았다. 나무위키의 「웹툰 규 제 찬성 운동」 항목은 웹갤 이용자들이 "뻘짓(의 미 없는 행동)을 했을 뿐"이라고 일축한다. 또 다른 커뮤니티도 이들을 폄하하는 방식으로 거리를 두 려 했다. 예스컷 활동의 실패로 "갤도 망했다"[20]라 고 평가하거나 웹갤 이용자들이 불매운동이 치명 적인 타격을 줬을 거라고 자기들끼리 망상하는 "쿨 찐"(쿨한 척 하는 찐따)[21]이라는 식으로 말이다.

최근 사례로는 2021년 국내 출시된 게임 「우 마무스메 프리티 더비」의 일화가 있다. 여느 남성 이용자처럼 「우마무스메」 이용자 역시 페미 색출 을 통해 일본에서 활동하는 한국인 일러스트레이

---

19 나무위키, 「웹툰 규제 찬성 운동」, https://namu.wiki/w/웹 툰%20규제%20찬성%20운동

20 ○○(익명), 「클로저스 웹툰 작가 사태 때 웹갤 존나 뻘짓한 거 같네ㅋㅋㅋ」, 디시인사이드 만화 갤러리, 2017년 6월 21일.

21 Anti-BLIND, 「그래도 GS불매는 레진 불매때와는 달리 쿨찐만 붕이가 없어서 다행」, 디시인사이드 만화 갤러리, 2021년 5월 5일.

터를 위험인물로 지목했다. 그러나 게임사는 요구에 응하지 않았다. 그다음 행동은 무엇이었을까? 이용자들은 기업에 더 강하게 나서기보다 더는 커뮤니티에서 이 일을 언급하지 않는 쪽을 택했다. 여성을 무너뜨리는 쾌감이 돌아오지 않는 일에 더 공력을 쏟기는 재미없고 지치며, 그런 이유로 재미있는 게임을 포기하고 싶지도 않았던 것이다. 이런 상황을 비꼬는 짤방에는 "이럴수가", "이럴 거면 딴 게임들은 왜 거품 물고 깠던 거지?", "페미가 뭐 어때서", "걍 씹고 게임할 거임 재밌거든"과 같은 대사가 등장했다. 2024년 현재에도 「우마무스메」는 남초 커뮤니티 소비자 사이에서 여전히 흥행하고 있다.

힘센 편에 빌붙고, 누울 자리를 보고 발 뻗는 페미사냥의 비열한 속성을 관찰하다 보면 비겁한 사냥꾼들을 힘으로 찍어 누르고 싶은 생각이 절로 들기 마련이다. 더 센 구매력, 더 높은 사회적 지위를 이용해서 말이다. 그런데 비겁한 공모자들은 자신들 안에서조차 약한 이들, 이기지 못한 이들을 잘라 버린다. 그리고 남루한 논리를 들고서도 이길 수 있는 싸움을 새로 찾아 나선다. 더 강한 힘으로 이들을 눌러야 할까? 끝없는 힘겨루기를 할 것이 아니라 이 힘의 구조 자체를 엎어 버려야 하지 않을까. 페미니즘 정치는 바로 그것을 이야기해야 한다.

6장 　　　　　즐겁고 끈질긴
　　　　　　　놀이를 위하여

최근 몇 달, 더 솔직히는 페미사냥 연구를 진행
한 몇 년 동안 숏폼 콘텐츠는 내 일상을 집어삼키
다시피 했다. 일과 글쓰기가 어렵고, 생각하고 움
직일 기력이 고갈될 때마다 인스타그램 릴스 창
을 넘기는 일로 시간을 흘려보냈다. 좋아하는 요
리 영상만 보고 싶은데, 알고리즘은 종종 온라인
커뮤니티를 갈무리한 유머나 각종 챌린지 따위의
인기 영상을 들이밀었다. "PC¹와 페미에 점령당

1　　정치적 올바름(Political Correctness)을 뜻하는 말. 주로 언어
　　　와 표현에서 성별, 인종, 장애, 성적지향과 정체성 등을 이유로
　　　차별받는 소수자 집단에 대한 혐오·차별을 시정하려는 정치적
　　　움직임을 일컫는다. 남초 커뮤니티를 중심으로 한 한국 사회 온
　　　라인 공간에서는 '과도한 PC주의'로 인해 대중문화의 재미와
　　　완성도가 망쳐지고, 남성을 비롯한 다수자가 역차별당한다는

한 디즈니 근황"을 전하는 숏츠, '페미'라는 단어를 듣고 떠오르는 생각을 즉각 '혐오'라고 답하는 유튜브 챌린지, 'Girls can do anything' 문구가 적힌 물건을 보고 "나락 직행"이라는 자막을 띄우는 영상이 때때로 튀어나와 마음을 어지럽혔다. 만약 내가 페미니스트가 아니었다면, 지친 일상 끝에 만나는 이런 유행들에 일일이 질문을 던질 수 있었을까?

다들 게임을 하는 것 같다. 페미라면 일단 판단을 중지하고, 공포와 분노의 버튼을 누르는 게임에 많은 이가 저항 없이 동참하고 있다. 게임의 보상은 '나는 상식적인 정상인'이라는 안도감과 결속감이다. 이 감정적 반응의 세계에서는 같은 대상을 "수구 꼴페미"[2]나 "좌파" 따위의 표현으로 함께 불러도 모순되지 않는다. 이미 '페미'는 발화자가 속한 집단에서 가장 적대하는 대상에 붙일 수 있는 딱지가 됐기 때문이다. 페미와의 관련이 대통령 후

담론이 널리 퍼져 있다. 온라인 남성들에게 정치적 PC와 진보, 여성은 일반적으로 함께 묶여 이해되며 적대의 대상이 된다.

2   2024년 7월 12일 전국금속노조 HD현대중공업지부(현대중공업노조) 소식지 《민주항해 3201》에 안전광고의 집게손 모양을 문제 삼는 글이 실렸다. 해당 글의 제목은 「수구 꼴페미의 나쁜 광고 즉시 철거하라」였다.

보의 정치 리스크로 작용[3]하기도 하는 지금, 우리 사회에서 페미니스트 혐오는 새로운 매카시즘이다. 페미사냥이라는 현상은 이와 같이 판단을 거치지 않는 혐오를 빠르게 퍼뜨리고 있다.

우리의 페미니즘은 변질되었다?

2016년부터 2018년 초에 이르는 페미사냥의 초기 국면에 메갈 퇴출을 외친 대다수는 이렇게 주장했다. '메갈'은 페미니스트가 아니며, 자신들은 페미니즘을 공격하는 것이 아니라고 말이다. 페미라는 말이 대중적으로 금기시된 현 상황에 익숙한 사람들에게는 꽤 놀라운 사실일지도 모르겠다. 그러나 몇 해 전만 하더라도 페미니스트라는 이유로 사회적 불이익을 주는 것은 부당하다는 인식은 분명 더 일반적이었다. 페미사냥의 주동자들도 이런 사회 분위기를 의식하고 있었다.

---

3   2022년 20대 대선 당시 더불어민주당 이재명 후보가 '친페미' 성향으로 주장된 뉴미디어 채널 '닷페이스' 출현 계획을 밝히자 즉시 논란이 일었다. 정아란, 「민주, 젠더갈등 속 이재명 출연 '닷페이스' 방송 앞두고 긴장」, 《연합뉴스》, 2022년 1월 19일.

당시 메갈과 페미니즘의 관계에 대한 흔한 담론은 비정상이며 반사회적 집단인 메갈이 페미니즘이라는 제도권 내 가치를 표방해 대중을 속이고 선동한다는 것이었다. 넥슨 성우 교체 사건이 있었을 때 한「클로저스」이용자는 "메갈이 뭐하는 사이트인가요?"라고 물었다. 그에 대한 반응은 이러했다.

> 댓글 여성판 일베 사이트?
> 댓글 범죄 모의, 몰카 공유, 허위사실 유포, 고인 능욕을 하면서 페미니즘을 참칭하는 무리입니다.[4]

메갈이 "페미니즘을 참칭"한다는 말은 메갈은 페미니즘이 아니며, 페미니즘은 누군가를 쫓아낼 이유가 되지 못한다는 것을 전제한 설명이다. 이처럼 초기 페미사냥을 주동한 이들은 메갈은 일베와 같은 특정 사이트의 문제이며 해당 사이트의 관련자를 비난하고 퇴출하면 사라지리라 여겼다.

메갈과 페미니즘의 관계에 관한 담론이 변화

---

4   피어커밍,「메갈이 뭐하는 사이트인가요?」, 루리웹 클로저스 게시판, 2016년 7월 19일.

하기 시작한 것은 우리 사회에서 대중화된 페미니즘 운동과 그것이 촉발한 온라인 논쟁의 경험이 축적되면서부터다. 메갈이 이미 사회 곳곳에 침투했고, 한국 페미니즘 운동이 메갈에 잠식당했다는 담론이 퍼져 나갔다. 이러한 변화는 메갈리안이 생산한 지식과 전략을 받아들인 페미니스트 주체가 다양한 영역에서 가시화되고 세력화한 결과이기도 했다.

우리 사회의 페미니즘이 메갈화되었다는 담론은 2016년 페미사냥 과정에서 구성된 담론과 상호작용하며 서로를 강화했다. 메갈에 대한 공격에 대항하는 페미니스트 운동이 널리 목격되었기 때문이다. 페미니스트들이 메갈에 속아서 이들의 주장을 페미니즘으로 착각하고 있을 뿐이라는 믿음 또한 흔들렸다. 페미사냥에 나선 이들은 사람들에게 메갈의 실체를 알리기만 하면 그에 대한 지지가 철회될 것이라 믿었지만 실상은 기대와 달랐다. 이때 사냥꾼들은 메갈이 나쁘다는 믿음을 수정하는 대신 메갈에 우호적인 진영은 모두 메갈이 내부에 침투했거나 뒤에서 조종당하고 있다는 음모론을 구축해 갔다.

페미니즘을 역차별이나 혐오 같은 부정적 관

념과 연결 짓는 전형적인 반페미니즘 주장도 동시에 부상했다.[5] 2016년 웹사이트 나무위키의 이용자가 만든 '이퀄리즘' 문서에서 촉발된 '젠더 이퀄리즘 날조 사건'[6]은 페미니즘에 대한 대중의 상식을 부정적으로 뒤바꾸는 데 막대한 영향을 끼쳤다. 이 문서는 서구권에서 페미니즘에 대한 대안으로 이퀄리즘이 부상했다는 거짓 정보를 담고 있었고, 온라인 커뮤니티와 소셜미디어에서 이러한 내용을 인용하면서 페미니즘에 대한 대중의 인식은 극단적인 여성우월주의로 빠르게 변질되었다. 여성혐

5   2010년대 중반 이후 반페미니즘 현상과 담론을 분석한 다음의 여성학 연구를 참조. 참조. 김수아·이예슬, 「온라인 커뮤니티와 남성-약자 서사 구축」,《한국여성학》제33권 제3호(2017); 김수아, 「남성 중심 온라인 공간의 미투 운동에 관한 담론 분석」,《여성학논집》제35권 제2호(2018); 손희정, 「혐오 담론 7년」,《문화과학》제93호(2018); 김보명, 「젠더갈등과 반페미니즘의 문법」,《비교문화연구》제56집(2019); 미현, 「총여학생회 폐지와 디지털 시대의 반격(backlash)의 역동」,《여/성이론》제42호(2020).

6   2016년 8월 2일 나무위키에 생성된 '이퀄리즘' 항목은 약 6개월에 걸친 나무위키 내부 토론 끝에 그 내용이 날조임이 밝혀졌다. 이듬해 이 문서의 제목은 「나무위키 성 평등주의 날조 사건」으로 변경되었다. 그러나 이퀄리즘을 실재하는 관념으로 믿는 주장은 그 이후로도 공론장에 지속해 등장했다. 2024년 1월 방영된 웨이브 예능프로그램 「사상검증구역: 더 커뮤니티」는 이퀄리즘을 페미니즘과 대립항으로 제시했다.

오 관념을 둘러싼 논쟁 속에서 여성혐오에 상대되는 남성혐오가 존재하며, 여성혐오를 비판하던 페미니스트가 극단화해 '남혐'으로 치달았다는 담론 또한 퍼졌다. 페미니스트의 준말인 페미는 멸칭이 되어 갔고, 점차 메갈과 나란히 놓이거나 혼용되기 시작했다.

페미니즘 운동을 좀먹는
낙인찍기 정치

온라인을 중심으로 메갈과 페미니스트가 다르지 않다는 담론이 마련된 결과, 성차별을 인식하고 반대하는 모든 개인을 페미로 낙인찍는 행위가 서서히 정당화됐다. 낙인의 범위를 확대하는 일은 인정과 즐거움을 위해 새로운 사냥을 벌이려는 요구와 합치했다. 그러면서 2016년 이후 구성된 페미사냥의 세력과 전략은 페미니즘 운동 전반에 대한 공격에 고스란히 쓰이게 되었다.

2018년 IMC게임즈 사건은 페미사냥이 메갈 아닌 페미니즘 운동을 공격한 대표적 사례다. 사건은 게임사 IMC게임즈가 서비스하는 「트리오브세이비어」의 일러스트레이터가 메갈로 지목된 데서

부터 시작했다. 사냥꾼들은 그가 트위터에서 '한남' 표현이 쓰인 젠더폭력 비판 트윗을 리트윗했고, 여성 단체 계정을 팔로우하고 있다는 점을 메갈의 징표로 들었다. 문제는 게임사가 메갈 논란의 진위를 추궁하는 면담 내용을 당사자 실명과 함께 공지하면서 심각해졌다. 김학규 IMC게임즈 대표는 "여성민우회, 페미디아와 같은 계정은 왜 팔로우했는가?"라고 물었고, 피해자는 "막연히 좋은 방향의 페미니즘"에 관한 것으로 생각했다고 진술했다.[7] 이는 피고용인에 대한 고용인의 명백하고 공개적인 사상 검증이었다. 전국민주노동조합총연맹(민주노총), 한국여성민우회(민우회) 등의 영향력 있는 조직이 즉각 대응에 나섰다.

연속적인 게임계 페미사냥에 대항한 이들 조직은 페미니즘 운동 전반에 퍼진 메갈 낙인찍기와 탄압을 비판했다. "지금 시기 메갈리아가 아닌 페미니스트는 없다."[8] "성차별에 강경히 반대하는 것이 '메갈'이라면 우리는 '메갈'이다."[9]라고 선언하면

---

7   해당 공지 원문은 비판을 받고 삭제되었다.

8   전국민주노동조합총연맹, 「IMC게임즈는 여성노동자에 대한 페미니스트 사상 검증과 전향 강요 중단하라」, 2018년 3월 27일.

9   한국여성민우회, 「게임제작사 IMC게임즈의 노동권 침해 및 페

서 말이다. 그런데 페미사냥의 주동자들은 이 같은 표현을 기존 페미니즘 단체와 진보 운동 세력이 스스로 메갈임을 공식화했다는 증거로 받아들였다. 그러면서 메갈을 '여자 일베'라는 반사회적 존재로 만들어 정치 공론장에서 쫓아냈던 방식 그대로, 이들 운동 조직의 정당성을 깎아내리고 정치적 발언권을 악화시켰다.

한편 메갈 낙인에 대한 페미니스트 대중의 주요한 대항 전략은 피해자와의 연대를 공개적으로 선언하며 '나도 메갈(페미)다'라고 주장하는 것이었다. 사건이 발생할 때마다 '#내가_메갈이다' 해시태그로 조직화되기도 한 이런 실천은 2016년 강남역 여성 살해 사건에서 '여자라서 죽었다', '너는 나다'와 같은 수사가 폭발적인 연결을 이끈 것과 통한다. 익명의 공간에서 공감과 동일시를 통해 결집하는 일은 페미니즘 대중화에서 핵심적인 요소였다. 그런데 페미사냥은 이와 같은 연대자에게 새로운 '메갈' 낙인을 찍고 다음 공격 대상으로 삼는 식으로 끊임없이 확장됐다. 조직적인 색출은 언제든 현실적인 위협으로 이어질 수 있었다. 익명의 연대조

미니즘 사상 검증을 규탄한다」, 2018년 3월 27일.

차 더는 안전하지 않았다.

여성 노동자를 상대로 한 페미사냥은 페미 색출을 외치는 소비자의 요구가 다수의 기업에 수용되면서 사회적으로 승인되었다. 대중들은 페미니스트가 '메갈'과 마찬가지로 소비자의 불호 요인이며, 기업이 배제할 만한 존재임을 연속된 사건들에서 목격했다. 성차별적 기업에 저항하는 페미니즘 운동, 노동 운동의 호흡이 소비 시장에서 페미니즘에 대한 반사적인 거부감이 만들어지고 확산되는 속도를 미처 따라가지 못했다. 더는 공적 영역에서 페미니즘과의 연관성을 드러낼 수 없다는 인식이 전 사회에 퍼지기 시작했다.

여성을 내쫓고 칭찬받는 개들

석사논문을 쓰던 몇 년 전, 나는 페미사냥에 부응하는 기업의 조치가 언론 등에 의해 '소통 경영'의 모범 사례로 평가되는 문제에 많은 분량을 썼다. 내용이 무엇이냐에 관계없이 소통 여부에만 집중하는 담론이 지금의 신자유주의 질서에 부합하므로 확산력이 크리라는 생각에 두려웠기 때문이다. 사실 이 문제는 논문에서 주로 다룬 2020년까지의 사례에서는 크게 두드러지지 않았다. 먼저 논문을 읽은 친구가 아직 근거가 부족한 문제를 크게 다뤄서 신빙성이 떨어진다는 조언을 주기도 했으니까.

그러나 두려움은 머지않아 현실이 되었다. 페미 배제는 소비자 지향 경영의 결과라는, 소수 경제지나 게임 전문지에서나 보이던 논조가 2023년 넥슨 집게손 사태에 이르자 주요 언론 대부분에서 나타났다. 사회학자 에바 일루즈는 현대 사회에서 소통이라는 말이 바람직한 경영자에게 요구되는 감정적·언어적 속성, 나아가 인성적 특질을 가리키게 되었다고 짚는다.[10] 소통을 기업의 핵심 가치 중 하나로 평가할 때, 문제의 초점은 소비자의 의견을 충실히 수용했는지, 그래서 소비자 만족을 끌어냈는지로 옮겨 간다.

페미사냥에서 기업은 그저 사냥꾼의 요구를 충실히 이행하는 사냥개 정도로 보인다. 사냥개가 받는 보상은 소통 경영이라는 긍정적 기업 이미지다. 그런데 정말 그런가? 현대 소비사회에서 기업은 상품의 생산과 홍보를 통해 이윤을 내고, 소비자층을 구성한다. 기업은 마케팅을 통해 특정한 사

10   에바 일루즈, 김정아 옮김, 『감정 자본주의』(돌베개, 2010).

회적 의미의 소비를 창출함으로써 소비자의 라이프스타일과 그에 따른 정체성을 구성할 수 있다.[11] 또한 다양한 소비자의 요구에 반응하면서 누가 소통할 가치가 있는 적법한 소비자인지에 관해 판단해서 소비자의 지위와 가치를 결정하기도 한다.[12] 말하자면 페미사냥 소비자를 '소통' 대상으로 승인하고 안정적인 소비층으로 구성하는 기업의 마케팅 전략은 반페미니즘 정체성의 소비자 집단이 만들어지는 것을 추동할 수 있다.

페미사냥을 부추기는 이들의 믿음과 달리, 기업이 소비자를 '위해' 손해를 감수하는 것도 아니다. 고용주에게 있어 불안정한 지위의 노동자를 해고하는 일이 그렇게 큰일일까? 게임 업계의 고질적인 문제로 지적받는 부적절한 관행의 목록을 떠올려 보자. 열악한 노동 환경과 장시간 노동, 불공정 계약 관행, 산업 전반의 성차별 구조, 사행성과 과소비를 조장하는 수익 모델 등등. 이러한 노동 문제를 해결하려면 기업의 생산 비용을 늘리거나 매

---

11 이영자, 「소비시장과 라이프스타일의 정치학」, 《현상과인식》 제110호(2010).

12 이민주, 「#피드백 운동의 동역학」, 《한편》 2호 '인플루언서'(민음사, 2020).

출 손해를 감수하거나 업계 문화 전반을 개선해야
한다. 페미니스트 노동자를 배제하고 마는 것처럼
쉽게 풀릴 리 없는 문제다.

사냥꾼들의 요구 앞에 기업은 사회적 차별과
혐오로 인한 위험 부담을 여성 노동자 개인에 전가
하는 빠르고 손쉬운 해결책을 가지고 있었고, 다수
의 기업이 이를 실행했다. 이러한 실행은 소비자의
요구라는 명목으로 정당화됐다. 나아가 소통 측면
에서 높은 사회적 평가까지 획득할 수 있었다.

희생되는 사람의 얼굴, 이들의 삶에는 눈길조
차 주지 않는 냉혹한 평가 체계의 힘은 계속해서
커지고 있다. 이러한 체계를 따라 정치적 이득을,
지지 세력을 얻을 수 있다면 더욱 그럴 것이다. 넥
슨 집게손 사태에 대해 발언한 한 국회의원의 입장
을 다시 보자.

하청 업체의 직원이 원청업체의 의지에 반하여 원
청업체에 피해가 갈 만한 행동을 독단적으로 했다
는 데 〔문제가〕 있습니다. 게임사의 호들갑? 전혀
그렇지 않습니다. 소비자가 문제를 제기한 이상 상
품을 만든 제조사는 소비자들의 니즈에 맞춰 수정
을 하는 게 당연합니다.(이 일로 한시도 쉬지 못하고

근무 중인 게임사 직원분들…… 고생 많으시단 위로의 말씀 전합니다.) 그게 시장경제의 기본 질서입니다.[13]

그는 "소비자가 문제를 제기한 이상 상품을 만든 제조사는 소비자들의 니즈에 맞춰"야 하며, "그게 시장경제의 기본 질서"라고 말한다. 이러한 담론은 사회적 사건의 구조적 문제를 바라볼 책임이 있는 정치인에게서까지 나타날 만큼 일반화되고 말았다.

검열이 일상화되다

2015년 전후 페미니즘 대중화는 '#나는_페미니스트입니다' 해시태그 연결 행동과 메갈리안의 미러링 발화처럼 페미니스트라는 존재를 드러내는 실천에서 시작되었다. 가시화와 공개적 말하기의 정치는 대중화된 페미니즘 운동의 핵을 이뤘다. 대학과 여성 단체 등 제도화된 조직을 거점으로 이루어지던 기존의 운동과 달리, 2015년 이후 등장한 페미니즘 운동은 개별화되고 개인적인 의식화와 실

13   이상헌, 앞의 글.

천이 주요한 특징이었다.[14]

페미니스트 정체화 이후 젠더 공론장에 뛰어든 개인은 페미니즘 운동에 화력을 더하고 서로를 식별하기 위해 여성임을, 페미니스트임을 적극적으로 드러냈다. 페미니즘 관련 해시태그나 기호를 표명하기, 페미니즘 상품과 서적을 구매하고 인증하기, 쇼트커트 스타일과 화장하지 않은 얼굴, 딱 붙는 짧은 치마 대신 활동하기 편한 옷차림을 택하는 탈코르셋 운동 등의 눈에 보이는 실천은 남성이 보편으로 상정되던 공론장에 균열을 가했다. 하지만 페미사냥이 심화하면서 상황은 달라진다. 소설 『82년생 김지영』, 'Girls can do anything' 문구처럼 특정한 페미니즘 상징을 메갈의 증거로 낙인찍고 사냥하는 데에 성공하기만 하면 이를 매개로 한 운동을 위축시킬 수 있었다.

특히 대중문화와 남성중심적 영역에서 활동하는 여성과 페미니스트는 수시로 자신의 언행을 검열하게 되는 상황에 놓였다. 페미 낙인의 범위가

---

14   김주희, 「'독학자들'의 페미니즘과 페미니스트 지식문화의 현재성에 대한 소고: 신간 페미니즘 서적을 중심으로」,《민족문학사연구》제63호(2017); 김보명, 「페미니즘의 재부상, 그 경로와 특징들」,《경제와사회》제118호(2018).

확장된 2018년 이후에는 안전한 처세의 태도도 달라졌다. 여성들은 젠더 문제에 어떤 관심도 신념도 없다고 말해야 했다. IMC게임즈 사건 당시 올라온 피해자 면담 내용과 사과문에서도 이러한 상황이 확인된다. 피해자는 자신이 "결혼한 가정주부 겸 직장인"이라고 밝혔다. 사과문에는 "트위터에서 귀엽거나 예쁜 것을 보기를 낙으로 삼는"다는 표현도 있는데, 이는 피해자가 메갈의 증거로 여겨지던 트위터 이용의 이유를 해명하고, 평범한 여성에게 기대되는 취향을 내세워야 했음을 보여 준다.

대체 왜 무고한 여성이 이렇게 개인의 신상을 드러내며 해명하는 폭력적인 상황에 놓여야 하나? 소비 취향과 패션, 연애와 결혼 등 라이프스타일에서 변화를 추구하고 이를 드러내는 대중화된 페미니즘 실천은 불과 몇 년 사이 공공연한 공격의 근거로 격하됐다. 페미니즘 운동을 통해 자기의 목소리를 찾은 여성 개개인은 돌연 자기표현과 생활 전반을 검열당하게 되었다.

제일 먼저 '메갈' 혐의를 받은 대상은 여성 노동자였다. 어떤 기업의 상품과 서비스가 성평등을 지향하다가 사냥의 표적이 될 경우 그곳의 여성 노동자는 가장 앞에 선 공격 대상이 될 수 있다. 이러한 상황이 여성 노동자의 자기검열을 추동하며, 생산과 마케팅 과정에서 진보적 의견을 내고 개입하기를 어렵게 만든다. 기업에서도 페미사냥의 표적이 되어 논란을 유발할 수 있는 여성을 고용하고 내세우는 일을 경영 리스크로 여기기 쉬워졌다. 이는 일터에서 여성 정체성을 드러내고, 여성으로서 더 높은 지위에 오르기를 추구하며, 페미니스트 생산자를 공개 지지해 시장에 개입하기를 주요한 운동 전략으로 삼았던 페미니즘 리부트에 대한 백래시로 작용했다.

검열은 여성의 노동뿐 아니라 소비 문화 영역에도 적용되었다. 언제부턴가 온라인의 남성들 사이에는 자신들의 취향이 아니거나 익숙하지 않은 마케팅과 유행을 두고 정체 모를 이가 침입해 권력을 장악한 결과이자 억압이라고 여기는 정서가 널리 퍼져 있었다. 그런 가운데 페미사냥은 이런 침입자를 쫓아내기 위한 효과적인 수단이었다. 여성 소비자의 의견을 반영하거나, 대체로 여성 소비자가 선호하거나, 남성 취향에 반한다고 여겨지거나, 사회 진보·윤리적 문제를 고려하는 등 '여성적'이라고 여겨지는 모든 실천이 페미로 낙인찍히고 공격받게 되었다.

대표적인 사례로 2021년 '웅앵웅'[15], '허버허버'[16], '오조오억'[17] 등의 유행어를 쓴 연예인과 인플루언서, 이모티콘 창작자 등이 일제히 공격당해 공개적으로 사과하거나 콘텐츠를 삭제한 사건이 있다. 세 유행어 모두 여성 비율이 높은 커뮤니티나 팬덤 등지에서 만들어져 쓰인다는 공통점이 있을 뿐, 페미니즘 실천과는 연관이 없었다. 그러나 남성들의 주장만으로 이들 단어는 순식간에 공적 공간에서 쓸 수 없는 페미 용어가 되었다. 이를 사용한 여성 인플루언서 중에는 심각한 사이버 괴롭힘을 당해 더는 활동할 수 없게 되거나 심지어 죽음에 이른 경우도 있었다. 여성들이 창조해 낸 고유한 즐거움과 그로부터 비롯되는 힘은 무차별적 사냥의 공포 앞에서 자꾸만 쪼그라들었다.

비합리적이고 예측할 수 없는 집단적 낙인찍기에서 자유로울 수 있는 사람은 없다. 페미사냥이 문제 삼고 공격하는 대상은 남성의 심기를 거스르

---

15   한 트위터 이용자가 한국 영화의 음향이 좋지 않아 대사가 '웅앵웅… 초키포키…' 처럼 들린다고 말한 데서 비롯한 유행어. 발음이 불명확한 말을 가리킬 때 쓴다.

16   음식을 허겁지겁 먹는 모습을 나타내는 의태어다.

17   많은 수를 강조하는 인터넷 용어다.

고 그들의 주도권을 넘본다고 여겨지는 여성과 소
수자라는 존재 그 자체이기 때문이다.

진짜 재미를
알고 있는 우리들

페미사냥은 2015년 만개한 페미니즘 대중화에 대
한 직접적인 백래시다. 소비 시장과 대중문화에서
여성들이 쌓아 온 힘이 그 밑거름이 되었던 페미니
즘 대중화는 페미사냥으로 인해 위축되기에 이르
렀다. 그런데 백래시는 변화를 만드는 힘을 의식한
데서 나오는 반작용이다. 반작용이 크다는 것은 사
실 작용이 그만큼 셌다는 의미이기도 하다.

　맞다. 지금 여성들이, 페미니즘 운동이 처한
상황은 분명 어렵다. 그런데 이렇게도 되묻고 싶
다. 상황이 언제는 쉬웠나? 억압받는 삶은 힘들고,
성차별에 맞서는 일은 언제나 어려웠다. 그 지난함
의 구체적인 면면이 달랐을 뿐이다. 그리고 우리는
페미니즘의 눈으로 우리가 맞서야 할 어려움의 진
면모를 들여다보고, 무언가를 알게 되었다. 언제나
그랬듯이 이러한 앎이 변화를 만드는 시작점이다.

　페미니즘 운동이 언제는 힘들다고 사라졌던

가. 페미사냥에 맞서는 일도 마찬가지다. 페미니스트들은 때마다 피해자를 지지하고 페미니즘에 연대하는 온라인 운동을 조직했고, 혐오에 동조한 기업에 맞서 불매운동을 했고, 사이버 괴롭힘에 대한 제도적인 맞대응과 여성 창작자 지지 운동을 벌였다. 페미사냥에 힘을 싣는 기업, 언론, 정치에 대한 문제의식을 나누고 대응을 모색하는 공론장을 계속해서 열었다. 채용 성차별 근절과 포괄적 차별금지법 제정 운동에 힘을 싣기도 했다. 노동자와 활동가들은 함께 혐오 표현과 인권 침해, 노동 탄압에 대한 실태조사와 법적 대응을 했다. 페미사냥을 '페미니즘 사상 검증'과 백래시로 의제화한 여성운동과 시민사회의 공동 대응도 이어졌다. 이에 따라 2018년 게임 분야 성별 영향 평가가 이루어지고, 2020년 디지털콘텐츠 업계의 성차별적 관행에 대한 국가인권위원회의 시정 권고 결정이 나는 등 제도 개선의 물꼬가 조금씩 트였다.

　　페미사냥이 빼앗는 것은 페미니스트의 구체적인 이야기다. '페미'라는 낙인으로 우리는 자기 세계와 고유한 즐거움과 삶의 면면들을 빼앗기거나 스스로 침묵 속에 가뒀다. 사냥에 다시 저항하려면 굴하지 않고 다시 말하는 수밖에 없다. 그런데 꼭 강조하고 싶은 점은, 페미니스트가 이야기를 나누는 데 원래 뛰어나다는 것이다.

여성학과 페미니즘 운동에서 서사화는 무척이나 중요하다. 성차별적 사회구조에서 억압받고 소외된 사람들, 이름 불리지 못한 사람들, 때로는 연구자와 활동가 자신의 이야기이기도 한 숱한 사람들의 이야기를 찾는 일. 그들이 이야기를 꺼내어 말하게 하고, 책임을 다해 성실히 듣고, 빈칸과 행간을 채워 읽으며 이야기 속에 복잡하게 쌓인 층층의 켜를 두꺼운 그대로 드러내는 일. 각자의 삶에서 길어 올린 사소한, 마음에 안 드는, 숨기고 싶은, 서로 충돌하고 모순되는 이야기를 검열 없이 터놓는 일.

당신이 알고 있는 이야기를 떠올려 보라. 페미니즘 대중화 국면에서 터져 나온 눈물과 재치 섞인 진솔한 경험을, 여성서사 운동을, 서로의 이야기가 용기가 되어 이어지던 미투 운동을 다시 떠올려 보자. 페미니스트의 이야기는 늘 변화를 만들어 왔다. 그 과정은 고통스러울지 몰라도, 희열과 재미가 분명 함께한다.

이야기를 나누는 활동인 여성주의 상담이 여성운동의 주요한 실천으로 만들어지고 발전해 온 이유도 여기에 있다. 자주 오해되는 바와 달리, 여성운동의 피해 상담은 일방적으로 피해 사실을 듣고 피해자를 대신해 문제를 해결해 주는 과정이 아니며 결코 그럴 수 없다. 상담은 피해자가 두려움 없이 자기 이야기를 털어놓을 자리를 마련하고, 기다리며, 이야기를 잘 꺼내고 판단을 내리기 위한 지지와 정보를 전하는 활동이다. 이를 통해 피해자 자신이 같이 이야기할 사람을 모아 피해를 일으킨 구조와 책임자를 향해 외치기를 추구한다.

내가 분명히 증언할 수 있는 사실은 페미사냥 피해에 대해서도 이러한 여성운동의 상담과 연대가 끊임없이 이루어지고 있다는 것이다. 이는 당장 눈에 보이는 성과로 나타나지 않을 수도 있다. 답답하고 느린 과정일 수도 있다. 그럼에도 스스로 꺼내 놓는 한 줄기 이야기가 침묵하던 수많은 사람을 깨우는 마중물이 될 수 있음을, 그렇게 다시 도도한 격류가 될 수 있음을 나는 확신한다.

페미사냥의 피해를 직격으로 맞은 문화시장의 생산자와 소비자 여성들은 또 어떤가. 이들처럼 이야기하기를 좋아하는 사람들이 또 있을까. 반여성적 남성들이 자신들이 점한 좁은 게임 시장 한구석에서 음모론을 꾸미고 음험한 작당을 하고 나선 것은 사실 문화 향유를 여성이 주도하고 있기 때문이다. 콘텐츠를 구매하고 수집하기 이상으로 원본에서 파생된 또 다른 이야기를 상상하고 창작하며 노는 경향 역시 여성에게서 두드러진다. 이런 창작 과정에서는 성차별적인 원본도 얼마든지 좋은 부분을 남긴 채 다르게 상상되고 전유될 수 있다. 재창작을 통해 어떤 이야기든 자기 것이 될 수 있는 것이다. 그렇게 만든 이야기가 더 아름답다면, 그렇게 이제껏 주류 문화에서 재미를 느끼지 못하던 수많은 이들에게 재미를 줄 수 있다면 무한히 확장되는 문화의 지평에서 페미사냥의 악다구니는 금세 시무룩해져 쪼그라들지 않을까.

남을 짓밟고 조롱하고 탈락시키는 서사에서 얻는 페미사냥의 재미는 자기 꼬리를 삼키는 뱀과 다름없다. 사람은 누구나 취약해질 수 있다. 약자를 괴롭혀 즐거워하던 이들은 언제든 그 즐거움의 연료로 소모될 수 있다. 이와 달리 함께 노는 이들을 살피고 걱정하며 계속 이야기를 이어 가는 재미도 존재한다.

여성학 연구자 이리예는 여성 오타쿠가 주로 즐기는 문화인 '자캐커뮤'의 현장을 분석하면서 여성들이 관계적 이야기를 통해 독창적 즐거움을 만들고 있음을 밝혔다. 각자가 만든 캐릭터로 온라인 커뮤니티에 모인 여성 오타쿠들은 '자캐'를 통해 대화하고 무수한 관계성을 맺으면서 예상치 못한 서사를 만든다. 이들은 여기서만 만들 수 있는 독특한 즐거움을 알고 좇는다.[18] 더 많은 사람과 함께할수록 더 광대한 이야기가 가능하고, 그로부터 한층 복잡다단한 재미를 만끽할 수 있다는 경험을 한 사람들은 다른 사람을 기꺼이 놀이터에 초대하려 한다. 또 누군가 상처받고 놀이터를 떠나거나 무리에 못 끼는 일이 없도록 규칙을 만들고 놀이터의 환경을 살핀다. 그렇게 만들어지는 즐거움이야말로 가상의 놀이터뿐 아니라 그와 연결된 현실을 풍요롭게 하고, 초대된 이들이 유쾌함 속에 힘내어 살아갈 수 있게 하리라.

　　기나긴 논의의 끝에 이르러 나는 우리 페미니스트가 가진 힘이 무엇인지 되새겨 보자고 제안하고 싶다. 그 힘 가운데 하나는 앎의 즐거움이다. 세상에서 나의 위치를 새로이 발견하는 데서, 내가 겪는 부당함이 나만의 문제가 아니라 성차별적인

18　이리예, 「관계적 이야기의 즐거움 연구: '자캐커뮤' 경험을 중심으로」(이화여대 석사학위논문, 2023).

사회구조의 문제임을 깨닫는 데서, 이런 깨달음을 공유하는 이들을 만나고 함께 변화를 만들 수 있음을 믿는 데서 오는 즐거움. 또 하나의 힘은 끈질김이다. 그저 살아남는 게 아니라 더 존엄하게, 즐겁게 살아가기를 포기하지 않는 끈질김은 늘 이어져 왔다. 그 끈질김으로 끝끝내 이길 것이다.

나가며   # 이야기는
끝나지 않았다

누군가 페미사냥이라는 주제를 왜 놓지 못하냐고 물으면, 나는 원한 때문이라고 대답하곤 했다. 그러나 되새겨 보면 이 대답은 절반만 맞다. 원한이란 억울하고 원통해 응어리진 마음이다. 내가 진심으로 사랑하는 여성의 삶과 페미니즘 운동, 오타쿠 문화가 침탈당해 손상된 모든 순간은 견딜 수 없이 원통한 일이다. 그런데 그 한이 응어리지진 않았다. 괴로울 때면 털썩 앉아 이야기를 풀곤 했으니까.

어떤 날은 "얘들아, 들어봐. 내가 「클로저스」라는 게임의 서유리랑 우정미라는 여자애들을 사랑했는데 말이지……."라며 추억에 잠겼고, 다른 날은 "야, 어떻게 감히 우리의 페미니즘을 시장 따위가 평가하게 두냐?" 하고 분노를 털었다. 언제는 내 말을 들은 누군가가 마주 앉았다. 또 언제는 내 쪽에서 이야기 상대를 찾아 나섰다. 그렇게 2016년부터 쉬지 않고 함께 이야기한 시간이 곧 이 책에 담은 페미사냥의 역사다.

페미사냥을 연구하고 사냥꾼에 맞서는 일은 현상을 둘러싼 무수한 이야기를 듣고 읽어 내는 일이었다. 그리고 그 과정은 내 삶을 뒤흔들었다. 나는 억울함과 고통의 이야기에 자주 무너져 내렸다. 파국적인 사고로 밤을 지새우고 화병으로 온몸이 쑤셔서 아무것도 쓸 수 없게 되기도 했다. 페미사냥 자체만큼이나 여남 모두의 잘못을 운운하는 양비론, 페미니즘 운동 바깥에서 안전하고 무심하게 던지는 논평, 페미사냥을 자기 정당화의 근거로 이용하는 혐오 정치, 페미사냥에 대한 저항을 조명할 때에도 엄연히 드러나는 성별 격차 따위가 나를 침대에 처박혀 끙끙 앓게 했다.

하지만 잘 드러나지 않던 구체적인 희망들에 귀 기울이는 날도 분명 있었다. 페미사냥에 굴하지 않은 동인 행사 '디. 페스타'에 많은 사람이 몰리고, 장내 방송에서 김자연 성우의 목소리를 들을 수 있었다는 소식. 2016년 넥슨을 규탄하고 피해자를 지지한 출판사 '초여명'이 출간한 룰북으로 많은 여성과 퀴어가 TRPG[1]에 입문하여 게임 문화가 풍부해졌다는 풍문. 페미사냥을 피해 떠난 이들이 페미니즘을 이야기하는 지금의 SF 장르에 모여 『오류가 발생했습니다』[2] 같은 끝내주는 소설을 읽고 쓴다는 전언. "성차별에 강경히 반대하는 것이 '메갈'이라면 우리는 '메갈이다"라는 성명을 계기로 여성 단체에 가입한 이들이 열성 회원이 되어 자주 만나고 놀고 투쟁하는 풍경. 이런 이야기에 멈췄던 심장이 다시 뛴다. 이 힘을 나누며 더 많은 이를 동참하게 하고 싶다는 의지가 한껏 불타오른다.

다음 편이 없다

페미사냥이 시작된 뒤부터 시장의 여성과 페미니스트들은 서로의 안부를 묻고 더욱 염려하게 됐다. 무차별적인 사냥에 수많은 여성이 사라졌고, 많은 페미니스트가 온라인과 오프라인 어디서든 페미니스트임을 드러내기 어렵게 됐다. 그러다 보니 페

---

1   Table Role Playing Game. 참여자가 이야기 속 캐릭터를 연기하며 즐기는 역할 수행 게임 중 하나로, 테이블에 둘러앉아 게임 마스터의 주관 아래 주사위를 굴리며 진행된다.

2   이산화, 『오류가 발생했습니다』(안전가옥, 2024).

미니즘이라는 공감대 아래 모였던 사람들이 더는 서로를 알아보고 소통할 수 없게 됐다. 트위터에서 페미니즘 정보 계정을 운영하던 분은 지금 어디서 뭘 하고 있을까? 탈코르셋을 하고 프로그래밍을 공부하던 그 친구는 원하던 게임 회사에 취직했을까? 끊어진 이야기의 다음 편을 들을 수 있는 곳이 없다. 온라인 페미니즘 지식의 상당 부분이 단절된 가운데 페미니스트들은 자신의 동지가 여전히 존재하기는 하는 것인지, 페미니즘 리부트의 물결이 이대로 사그라들고 만 것인지 알지 못한 채 불안과 고립감을 느끼고 있다.

문화 향유자인 이들이 안부를 묻는 대상은 현실의 존재에 그치지 않는다. 이들은 창작물의 안위도 궁금해한다. 페미사냥으로 직접적인 타격을 입고 콘텐츠 생산장에서 쫓겨난 창작자의 창작물은 시장에서 빠르게 삭제된다. A 성우가 연기한 티나의 이야기는 이제 그 누구도 알 수 없다. A 성우의 다른 연기를 들으며 그의 강단 있고 담대한 목소리 속에서 사라진 소녀의 이야기를 상상할 뿐이다.

다음을 알 수 없는 이야기는 또 있다. 페미사냥에 동조한 기업과 문화에 대항하려 불매를 택하거나 사냥꾼이 설치는 판에 지쳐 좋아하던 콘텐츠를 포기한 사람은 자신이 사랑하던 문화가 만들어 갈 미래를 알기 어렵다. 더는 이런 나쁜 곳에 있지 않겠다며 자기 선택으로 다른 곳을 찾아 떠난 사람이 쉬이 원래의 자리에 되돌아가기 어렵듯이, 자기 장르를 떠난 이들은 두고 온 이야기를 사무치게 그리워하면서도 내색하기 어렵다. 페미사냥에 동조한 성차별적인 업계에 돈을 벌어다 줄 수는 없다고 서로를 다그친다. 추억을 이야기하다가 자칫 '빤은' 콘텐츠를 전시한다고 욕을 먹을 수도, 피해자의 고통이 보이지 않느냐며 도덕적으로 비난받을 수도 있다는 두려움에 애정을 검열하게 된다.

누군가는 이 모든 것이 겨우 가상의 놀이일 뿐이지 않느냐고 의아해할 것이다. 그러나 창작물을 읽고 사랑하는 사람은 이미 하나의 세계에 속해 있다. 누구에게는 잠시 시간을 보내고 마는 데 그치는 가상의 세계가 어떤 사람에게는 현실보다 더 강한 일체감과 다채로운 감정을 불러일으킨다. 그런 세상이 무너진 심정을 애도할 수 없다면, 사람이 이내 곪고 안팎으로 다칠 수밖에 없다. 「클로저스」 계정을 삭제하던 날, 나는 구태여 내가 가장 좋아하는 캐릭터인 유리를 정미 곁에 세웠다. 하늘이 보이는 옥상에 나란히 선 둘의 모습이 마지막이다.

화면이 까맣게 죽었다. 먹고살기와 관련이 없다며 미루거나 외면해 버린 이런 종류의 상실을 이제 말하고 싶다.

말을 잇지 못하는 사람들

다시금 강조하겠다. 페미사냥의 중요한 특징은 그것이 억지라는 것이다. 억지 쓰기 전략은 상대가 어이가 없어 할 말을 잃게 만든다는 점에서 저열한 한편 효과적이다. 여성학자 권김현영은 GS25 집게손 사태에 관한 인터뷰[3]에서 이 음모론이 힘을 얻는 과정을 '개소리의 담론 전략'[4]이라는 측면으로 분석했다. 개소리의 담론 전략은 일관된 논리가 없고 근거 없는 주장을 생산하면서 관심을 일으키고, 이를 의미 있다고 믿도록 만드는 것이다. 억지에 기초한 분란을 끊임없이 일으키는 페미사냥은 이를 보는 대중이 아니 땐 굴뚝에 연기 나겠느냐는

---

3   에디터 한슬, 「'숏컷=페미', '손가락=메갈', 이 개소리들 왜 반응해 주나요?」, 닷페이스, 2021년 8월 4일.

4   이에 관한 자세한 논의는 제임스 볼, 김선영 옮김, 『개소리는 어떻게 세상을 정복했는가』(다산초당, 2020); 해리 프랭크퍼트, 『개소리에 대하여』(필로소픽, 2016) 참조.

식으로 의심하고 이윽고 믿게끔 한다.

더 큰 문제는 억지에 반박하는 과정에서 자칫 그런 억지의 전제를 승인하는 효과가 발생한다는 점이다. 가령 남성 소비자의 구매력이 크니 이들이 요구하는 페미사냥에 따라야 한다는 주장에 여성 소비자의 구매력도 남성 못지않다고 맞선다면 어떨까? 이런 반론을 펼치는 발화자는 모든 남성이 페미사냥에 동의한다는 틀린 전제를 승인할 수밖에 없다. 평등과 자유, 노동권의 문제를 시장 구매력에 따라 판단할 수 있다는 주장이 받아들여진다. 이렇게 단순한 억지에 대항하다가 생긴 복잡한 문제에 많은 페미니스트가 지쳐 입을 다물고 있다.

또 페미사냥의 직접적인 피해자가 겪는 피해와 고통은 이를 목격하고 공감하는 이들을 절망으로 내리누르고 침묵하게 한다. 생계와 생존의 기반을 잃은 피해자와 마주한 숙연함 속에 일상에서 문득 떠오르는 상실감과 위축감, 불편함을 감히 말하기 주저하게 된다. 간신히 당장 할 수 있는 말은 피해자의 처지를 돕자는 말 정도다. 이런 마음 씀은 자연스럽고 마땅하다. 그러나 압도적인 피해 사실만을 드러내며 이를 보상하라는 주장에 집중하다 보면 우리가 잃은 것이 정확히 무엇인지 하나하나

까놓고 이야기하기 어려워진다. 피해자는 어떤 신념과 실천을 드러내다가 사냥의 표적이 되었는가? 페미사냥은 왜 그리고 어떻게 성평등을 향한 움직임을 후퇴시켰는가? 이로 인해 페미니스트 대중은 삶의 어떤 영역들에서 성취감과 즐거움, 자유를 잃어버렸는가? 이 모든 질문이 침묵에 가리는 것이다.

한차례 사냥이 끝난 후 또 다른 계기로 사냥이 지속되어 페미사냥에 관한 공적 기록이 방해받는 것도 심각한 문제다. 페미사냥 연구 초기에 나는 피해를 겪은 페미니스트를 인터뷰한 내용을 연구의 출발점으로 삼으려 했다. 그런데 피해 창작자가 꾸린 노동조합의 활동가에게 인터뷰 사례 연결을 요청했을 때 예상하지 못한 답변이 돌아왔다. 페미사냥의 속성상 기사나 인터뷰로 사례가 노출되면 흥미 본위로 인터뷰이의 신상을 털고 사이버 괴롭힘을 가하는 행위가 다시 시작되는 경우가 많다, 따라서 피해자와의 연결이 조심스럽다는 대답이었다. 이후로 나는 누군가 그저 페미사냥에 대해 말을 얹고 자기 의견의 근거로 삼기 위해 함부로 피해자를 거론하는 일을 엄중히 경계한다. 그럼에도 동시에 고민스럽다. 그럼 우리는 피해자를 어떻게 알고 기억해야 할까?

페미사냥이 여성의 숨통을 조여 오는 현실은 이제 피부로 느낄 수 있을 정도다. 일상에서, 일터에서 만난 많은 여성이 생계와 신변 위협 때문에 익명으로 연대하고 후원할 수밖에 없음을 이해해 달라고 말해 온다. 수백 명의 연서명 명단에 오른 자신의 이름, 모임 후기 사진에 찍힌 뒷모습 같은 페미니즘 활동의 아주 작은 흔적을 염려하면서.

더는 실천이 즐겁지 않다면

'페미'가 부정적인 낙인으로 쓰이고 페미의 상징에 반사적인 반감과 혐오를 드러내는 사냥의 한가운데에서는 페미니즘이 구체적으로 무엇을 하는지 얘기하기 어렵다. 말을 꺼내기도 전에 "남혐?" "그 손 모양!" 같은 반응이 돌아올 테니까. 다른 사람의 긴 이야기를 듣기에 각박한 사회이기도 하다. 큰 에너지를 들여야 하는 복잡한 이야기보다 즐거움을 빠르게 채워 주는 자극적인 한 장을 찾는다면, 자칫 모순적으로 보이는 페미니즘의 이야기는 좀처럼 닿을 수 없다.

그럴수록 페미니스트들은 더 방어적으로 사회의 잣대에 자신을 맞추게 된다. 페미니즘을 매끈한 모습으로 드러내 보이거나, 대중들에게 긍정적으로 각인될 만한 결정적인 장면을 꾸미게 되는 것이다. 여성들이 페미니즘의 내용을 말하기보다 일시에 한데 모여 같은 의견을 크게 불붙이는 '화력'을 추구하게 되면서, 이에 방해된다 여겨지는 애매한 존재들이 잘려 나가고 있다. 총공세에 찬물을 끼얹는 페미니즘 운동 내부의 다른 입장과 차이, 논쟁은 자연히 입단속된다. 또 시장에서 여성의 힘을 보여 주는 상황에 어떤 사람은 원치 않는 일과 소비를 떠맡는다. 자원이 없어 번듯한 소비자로 보이지 못하는 사람은 운동에서 배제되기도 한다.

가시성의 경제란 페미니즘이 '보이게 되는 것'만을 운동의 목적으로 삼는 경향을 꼬집으며 여성학자 사라 바넷와이저가 내세운 개념이다.[5] 한국에서의 가시성의 경제를 연구한 여성학자 홍보람은 다음과 같이 지적한다. 보이지 않던 존재를 드러나게 하는 가시화 정치는 대상을 선택적으로 비춰 온 권력 구조에 대한 비판이 될 수 있다. 다만 보이기 그 자체를 목적으로 삼아 대중성과 인기를 추구하

5   Banet-Weiser, S., *Empowered: Popular Feminism and Popular Misogyny*(Duke University Press, 2018).

는 가시성의 경제는 기존 권력 구조에 영합할 수밖에 없다.[6] 물론 지금 대중화된 페미니즘 운동을 비판할 때 여성과 페미니즘을 보이지 않게 만드는 페미사냥에 대한 전략으로 가시성을 되찾는 것이 제일 목표가 되기 쉽다는 맥락을 분명히 고려해야 하겠지만 말이다.

그러나 싸움에서 이기기 위한 목적이라도 남에게 보이기 위해 해야 하는 일은 즐겁지 않다. 자기 이야기를 계속해서 검열하고, 특정한 모습으로 보여야 한다는 압력에 시달리기 때문이다. 반응이 아예 없거나 부정적으로 돌아온다면 꾸며내기는 더욱 피곤하고 고통스러워진다. 페미니즘 리부트를 계기로 정체화한 많은 페미니스트 여성이 번아웃을 호소하게 된 데에는 이런 운동 내부의 고통을 드러내 말하지 못한 까닭이 있다.[7] 나는 페미니스트들이 즐겁지 않고 마냥 지쳐 버린 이 현실을 어떻게든 바꿔야 한다고 생각한다.

---

6   홍보람, 「가시성의 경제와 몸 이미지: BL은 어떻게 페미니즘의 '문제'가 되었는가」, 《여/성이론》 제44권(2021).

7   이정연, 「'안전'한 페미니즘이라는 기대의 역설: 페미니스트 '번아웃'」, 《한국여성학》 제39권 제4호(2023).

이야기로 밤새우며
아침을 맞자

페미사냥에 얽힌 문제는 이 한 권에 다 담아낼 수 없을 만큼 다양하고 복잡하다. 신자유주의 질서와 시장화, 온라인 환경, 반지성주의와 극우주의, 친밀성과 욕망의 정치경제 따위가 9년이라는 시간, 백수십 개의 사건 사례에 뒤엉켜 있다. 오랜 역사에 기입된 권력 구도, 수세에 몰린 듯한 지금 같은 상황에서 나의 외침이 의미를 낼 수 있을까.

중요한 건 이것이 성차별 구조의 문제라고 계속 이야기하는 것이다. 페미사냥은 시장에서 페미니스트를, 나아가 모든 여성을 상시적 감시와 폭력으로 길들이려 한다. 성차별로 이득을 보는 혹은 그러리라 믿는 모든 주체가 여기에 공조하고 있다. 페미니스트는 우리가 이런 속셈을 꿰고 있음을, 가만히 당하고 있지 않을 것임을 요란하게 폭로해야 한다. 사냥꾼들의 공조에 균열을 내기 위해.

길고 지루한 밤, 이야기는 어둠을 견디게 한다. 실체 없는 공포를 떨쳐 내고 나만의 재미난 이야기를 떠올리다 보면 밤길을 걸을 힘이 생긴다. 곁에 있는 사람과 떠들며 킥킥거리고, 눈물짓고,

골똘히 궁리하다 보면 어느새 밤은 지나간다. 페미사냥의 밤을 지새우면서, 나는 같은 문제의식과 목표로 연결된 이들의 세세한 면면을 보게 하고 그들 사이의 연대와 마음 씀을 모을 수 있는 구심점의 소중함을 생각했다. 고통 속에 밤을 지새웠던 나의 이야기를 뉴스레터로 내보냈을 때, 매주 이 편지를 구심점으로 삼아 모르고 지나칠 수밖에 없던 동지와 마주하면서 계속 이야기할 용기를 얻었다. "우리에게 꼭 필요한 이야기." "'ㅇㅇ야 너 혹시 페미 그런 거야?'라는 DM을 받았을 때가 생각납니다." "내가 사랑하던 걸 가장 바라지 않는 방식으로 뺏겼을 때의 기분이 어땠는지." "하고 싶은 말을 언어화하며 표현하는 주체가 되는 경험을 할 수 있게 되어 기쁩니다." "지치지 않는 페미니스트로 남을 수 있도록 해주는 민음사와 작가님께 파이팅을 전합니다!" "동지애를 느낄 수 있었던 시간이었어요."[8] 우리가 나눈 말 하나하나가 함께 새벽을 맞을 힘이 될 것 같다.

성차별주의자가 퍼뜨리는 헛소리와 사상누각의 대안 사실이 아니라 제대로 된 진실을 알리기.

8   『페미사냥』 담벼락, https://padlet.com/minumsa/femi_hunt

페미니스트 활동가이자 서브컬처 향유자이자 메갈 세대의 여성으로서 내가 알게 된 것, 가끔은 의도치 않게 알아 버린 것을 페미니즘 운동에 쓸 만한 지식으로 남기기. 그것이 이 이야기를 시작할 때부터 쭉 품어 온 소망이었다. 본문에 못 박아 둔 사냥의 사례와 증거가 다른 페미니스트의 이야기를 뒷받침한다면, 누군가 지금까지의 이야기에서 자기 경험을 설명할 언어를 발견한다면, 책에 인용된 여성학 연구가 더 많이 읽힌다면, 더 크게는 나의 이야기를 읽고 누군가가 새로이 페미니스트 동지가 되어 준다면. 이 책이 페미니스트 동지를 위한 하나의 구심점이 될 수 있다면 더없이 기쁘겠다.

나는 당신이, 페미니스트가 만들어 낼 새로운 이야기가 너무나 궁금하고 기대된다. 어느 날 만화책을 사러 나간 서점에서, 딥페이크 규탄 집회에서, 어느 북토크나 강연장에서, 여성 단체의 회원 모임에서, 오타쿠 동인 행사에서 뜻하지 않게 만난 당신과 이야기를 나누고 싶다. 그렇게 결코 끝나지 않을 페미니즘의 이야기를 즐겁게, 즐겁게 이어 나가자.

감사의 말

이 이야기를 지독한 사랑으로 썼음을 생각하게 됩니다. 제가 사랑해 마지않는 온·오프라인의 그리고 텍스트 속의 여자와 페미니스트들이 저를 움직였습니다. 이 모두가 함께 더 멀리 가기를 추구하는 페미니즘에 대한 사랑이 저를 지지했습니다. 사랑했으나 상실하고 만 존재들, 제 이야기를 더 단단하게 만든 존재들에 절절한 감사를 보냅니다.

논문부터 책까지 이 이야기가 만들어지고 더 많은 이에게 닿을 수 있도록 도와주신 모든 분들에게 깊은 감사를 전하고 싶습니다.

인문잡지 《한편》으로 처음 인연을 맺었던 이한솔 편집자님. 《한편》을 통해 나눈 문제의식 덕분에 더 좋은 논문을 완성할 수 있었다는 소식을 전하고 난 뒤 그럼 책을 만들어보자며 제안해 주신 일은 지금 다시 생각해도 설렙니다. 넥슨 집게손 사태 이후 슬픔과 분노로 무너져 책을 꼭 써야겠다고 연락했을 때, 집필을 위해 필요한 일을 하나하나 짚어 주신 데 너무나 감사드립니다. 『페미사냥』의 처음과 끝을 책임감 있게 살펴봐 주신 신새벽 편집자님에게도 감사드립니다. 초고 독회에서 내어 준 치밀한 의견과 강력한 지지 덕택에 책의 마지막에 하고자 했던 이야기를 망설임 없이 꺼낼 수 있었습니다.

페미니스트 동지이자 오타쿠 선배인 맹미선 편집자님. 첫 책을 편집자님과 쓸 수 있던 것은 제 일생의 행운이겠습니다. 단 한 글자도 편집자님의 손이 닿지 않은 곳이 없지요. 때로는 가장 먼저 글을 읽어 주는 열렬하고 다정한 독자로, 때로는 재미를 말하는 책이 재미없는 것을 절대 용납하지 않는 냉철한 비판자로 있어 주셔서 감사합니다. 독자들이 이 책을 알기 쉽고 재미있게 읽어 나간다면 이는 전적으로 편집자님 덕분입니다. 마음을 담아 사랑과 감사를 보냅니다.

석사논문을 지도해 주신 김은실 선생님에게는 헤아릴 길 없는 존경과 감사를 전하려 합니다.

198

자칫 욕과 넋두리에 그칠 뻔했던 제 이야기를 여성학의 계보에 위치 짓고 어엿한 연구로 다시 태어날 수 있도록 해 주셨습니다. 심사를 맡은 김보명, 김애라 선생님에게도 감사드립니다. 김보명 선생님은 제 연구가 페미니즘 운동 역사의 계보를 따를 수 있도록 가르쳐 주셨습니다. 김애라 선생님은 디지털 미디어 환경과 온라인 공간에 대한 연구를 해나가는 길을 알려 주시고, 논문의 균형을 바로잡도록 도와주셨습니다. 연구를 질질 끌고 있던 저를 세 분이 포기하지 않은 덕에 석사논문과 이 책을 세상에 내보일 수 있었습니다. 그 과정을 물심양면 도와준 이화여대 여성학과 선배들에게도 감사드립니다.

페미사냥 연구를 이어가는 내내 금과옥조 같은 선행연구로 이정표가 되어 준 김수아 선생님에게 감사드립니다. 문제의식을 구체화하고 알릴 수 있는 자리를 여러 차례 마련해 주신 선생님에게 추천사를 받을 수 있어 영광입니다. 귀한 추천사를 전해 주신 임소연 선생님에게 또한 감사드립니다. 페미니스트 학자로서 앞선 '탐구' 시리즈의 저자이신 선생님의 글에 많은 도움을 받았습니다.

언제나 같이 궁리하고 떠들고 놀아 주는 여성

학과 친구들과, 5년간 함께 페미니스트 이야기를 지식으로 엮으려 애쓴 페미니스트 연구 웹진 'Fwd'의 페미니스트 친구 모두에게 감사합니다. 지치지 않고 떠드는 오타쿠 친구를 참고 견뎌 주어 고맙습니다.(그래도 저를 사랑한다는 걸 압니다.) 논문 쓰는 고통을 같이한 상애, 연화, 유진, 정연이 떠오릅니다. 그리고 내게 없는 순수하고도 잔혹한 일반인의 시선을 장착하고 심사 코앞까지 논문 틀을 다시 잡아 준 미현과, 논문 초고부터 책에 이르는 모든 글을 꼼꼼히 읽고 당근과 채찍 사이를 오가며 핵심을 꿰뚫는 의견을 내 준 오타쿠 연구자 친구 리예와 은교에게는 특히나 갚을 길 없는 은혜를 입었습니다.

여성운동을 함께하는 활동가와 회원 동지 여러분, 사랑하고 감사합니다. 이 책에 담긴 좋은 이야기는 여러분에게서 온 것이 많습니다. 여러분에게서 현장을 딛는 실천의 힘과 지혜를 항상 배웁니다. 페미니즘 사상 검증과 백래시에 맞서는 여러분의 역사를 존경합니다. 일터의 동료이자 공동체의 일원으로서, 매일 얼굴을 마주하고 일상을 공유하며 마음으로 저를 돌보아 주는 이들에게 있는 힘껏 고맙다고 외치고 싶습니다. 이름을 다 부르지 못해 아쉽습니다. 여러분이 가꾸어 주는 활동가 온다의 삶이 작가 이민주의 삶도 가능하게 했습니다. 여러분이 제 이야기의 든든한 뒷배입니다.

페미사냥을 함께 겪고 여전히 지나고 있는 트위터의 오타쿠 친구들을 언급하지 않을 수 없습니다. 즐거운 이야기 자판기를 누를 때마다 지치지도 않고 잼애를 제공해 주는 트친 여러분 고맙습니다. 우리가 사랑하던 대상을 잃고 슬퍼하고 분노하고 자조하고…… 그러다가도 서로 깔깔 웃던 시간이 이 책의 줄거리가 되었습니다. 에너지가 고갈된 저를 끌어내 먹여 주고 놀아 주신 사마 님에게 특별한 감사를 전합니다.

내 삶의 모든 이야기의 가장 충실한 상대인 화연에게 사랑을 보냅니다. 당신과 계속 다음 이야기를 만들고 싶습니다.

마지막으로 늘 걱정 끼쳐 미안한 마음뿐인 사랑하는 우리 가족. 동생이 무슨 수상쩍은 일을 벌이든, 평생을 무조건적인 지지자로 있어 준 든든한 오빠. 그런 오빠의 버팀목으로서 내게도 힘을 전해 주는 정문. 이따금 애정 담긴 비판을 던지면서도 제 이야기를 늘 우선해 듣고 끝없는 사랑을 쏟아 주시는 아버지. 그리고 내 생애 처음으로 페미니스트의 이야기를 들려준 분. 나의 페미니즘의 원

점이자, 내 이야기를 끌어내고 보듬고 끝까지 지속할 수 있게 한 페미니스트. 저의 가장 큰 스승이며 동지이며 친구인 어머니 강현옥 님에게 이 책에서 뻗어 갈 모든 좋은 것들을 미리 바칩니다.

참고 문헌

강준만, 『쇼핑은 투표보다 중요하다』(인물과사상사, 2020).

김정희원, 『공정 이후의 세계』(창비, 2022).

김학준, 『보통 일베들의 시대』(오월의봄, 2022).

나임윤경 외, 『공정감각』(문예출판사, 2023).

로라 베이츠, 황성원 옮김, 『인셀 테러』(위즈덤하우스, 2023).

문이소 외, 『태초에 외계인이 지구를 평평하게 창조하였으니』
    (안온북스, 2023).

박진영, 『재난에 맞서는 과학』(민음사, 2023).

서찬휘, 『키워드 오덕학』(생각비행, 2017).

손희정, 『페미니즘 리부트』(나무연필, 2017).

신경아, 『백래시 정치』(동녘, 2023).

실비아 페데리치, 성원·김민철 옮김, 『캘리번과 마녀』(2011, 갈
    무리).

아미아 스리니바산, 김수민 옮김, 『섹스할 권리』(창비, 2022).

아이즈 편집부, 『2016 여성혐오 엔터테인먼트』(북투데이,
    2016).

아즈마 히로키, 이은미 옮김, 『동물화하는 포스트모던』(문학동
　　네, 2007).

앤절라 네이글, 김내훈 옮김, 『인싸를 죽여라』(오월의봄, 2022).

에바 일루즈, 김정아 옮김, 『감정 자본주의』(돌베개, 2010).

이길호, 『우리는 디씨』(이매진, 2012).

이산화, 『오류가 발생했습니다』(안전가옥, 2024).

이현재, 『여성혐오 그 후, 우리가 만난 비체들』(동녘, 2016).

정희진 엮음, 『양성평등에 반대한다』(교양인, 2016).

제임스 볼, 김선영 옮김, 『개소리는 어떻게 세상을 정복했는가』
　　(다산초당, 2020).

천관율·정한울, 『20대 남자 현상』(시사IN북, 2019).

해리 G. 프랭크퍼트, 『개소리에 대하여』(필로소픽, 2016).

Banet-Weiser, S., *Empowered: Popular Feminism and Popular
　　Misogyny*(Duke University Press, 2018).

페미사냥

젠더 정치 탐구

1판 1쇄 펴냄 2024년 11월 1일
1판 2쇄 펴냄 2025년 1월 6일

지은이 이민주
발행인 박근섭, 박상준
펴낸곳 ㈜민음사

출판등록 1966. 5. 19. (제 16-490호)
서울특별시 강남구 도산대로1길 62(신사동)
강남출판문화센터 5층(우편번호 06027)
대표전화 02-515-2000
팩시밀리 02-515-2007
www.minumsa.com

ⓒ 이민주, 2024. Printed in Seoul, Korea

978-89-374-9223-5 04300
978-89-374-9200-6 세트